「赤十字」とは何か

人道と政治

小池政行

藤原書店

「赤十字」とは何か

目次

第2章　カオスの中の人道活動 …… 73

第3章　現在の人道機関に求められるものは何か …… 127

装丁・作間順子

「赤十字」とは何か

人道と政治

はじめに

国家意思の最終的貫徹手段として国際連合が創設され、国連加盟国が紛争を平和的に解決する責務を国連憲章で定められるまで、戦争は国際法上、合法であった。

いずれにせよ戦争に自らの国家が踏み切ったとき、兵士は国民の一人として、「国家への忠誠」「国家への義務」のため、そして「郷土を守るため」、「愛する人々を守るため」、さらには「同じ戦場に晒《さら》される戦友のため」、武器を取り敵兵を殺す。

同じ種である人間を殺す。そのとき人間の心に覆いかぶさるのは、恐怖である。殺さなければいけない恐怖、そして殺されるかもしれない恐怖である。人間は恐怖に襲われると前脳で考える（つまり人間の心で考える）のを止め、中脳（獣の脳と変わらない）で考えるようになる。獣の心では、大きな声のもの、相手より自分を大きく見せたものが勝者なのである。古来、戦士は、大きな羽飾りや輝く甲冑《かっちゅう》などでもって相手を威嚇《いかく》し、咆哮《ほうこう》を発して自らを奮い立たせる。

二〇〇八年一二月に亡くなった評論家・加藤周一氏は、「日本国憲法の特色は第九条の平和主義、戦争放棄」にあると言った。さらに第一一条で「この憲法が国民に保障する基本的人権は侵すことができない永久の権利」と記されていることにあると強調した。つまり「基本的人権は永久に保障されるものと日本国憲法は規定しているのである。そして戦争は、結局は基本的人権を踏みにじる」と述べたのである。

歴史を顧みれば、確かに一九三〇年代から四五年の敗戦まで厳しく言論統制が行われ、治安維持法によって反戦思想に対する厳しい弾圧が行われた。基本的人権の根幹の一つをなす、「言論の自由」、「思想信条の自由」は侵された。

東大医学部を出た医師でもあった加藤周一氏は原爆投下後の広島に調査団の一員として入った。そして放射線被害の悲惨の状況を目のあたりにした。原子爆弾は無差別に人々を殺傷し、長く不必要な苦痛を被爆者に与え続ける。このような兵器を「非人道的兵器」という。

ここで私は思い至る。戦争が奪い去る「人権」と、民間人をも無差別に殺傷することを「非人道的」というときの「人道」は、異なるのではないか。異なるとすれば、どのように異なるのか。さらに言い方を換えれば、国家がその全力を以て人間同士の殺戮を命じる戦争においてさえ、遵守しなければならないものがありうるとすれば、それは戦時においては踏みにじられうる「人権」ではなく「人道」というものではないか、という問いである。

私は、一九七七年から一九九四年まで外交官として国際政治の現実を体験し、冷静崩壊を当時勤務していた北欧の小国、ソ連邦と長大な国境を接するフィンランドで目にした。その後、日本赤十字社国際部において、現在「国際人道法」と呼称される、戦争や武力紛争時の非人道的行為を禁じる国際ルールの研究と普及・実践に務めた。そして現在は日本赤十字看護大学において国際人道救援・救護の国際的共通システムの研究・教育に携わっている。そして国際赤十字の活動、その他国連の諸機関や、たとえば「国境なき医師団」等に代表される国際的非政府組織が直面している国際的人道活動の困難性や矛盾を日々感じている。

しかし、「人道」が今後の国際社会において、そして人々の日々の心に宿ってゆく重要性に対する信念はますます強くなっている。そして昨二〇〇九年は、この「人道」を基本原理とする「赤十字思想が誕生して一五〇周年」であったこと。さらには、この際の皇后陛下のお言葉「赤十字の思想が世に提示されてより一五〇年という記念すべきこの年を節目として、私どもは、改めて赤十字活動の根底にある、人道への思いを深めていきたいものと思います」に触れたこと——これらが「人道」とは何か、その歴史と現在を書いてみたいと考えこの拙著に挑んだ理由の大部分である。

スイス人の実業家アンリ・デュナンは一八五九年、イタリア統一戦争の激戦地ソルフェリーノで傷ついた兵士たちが打ち捨てられている悲惨なありさまを目にした。彼は、「傷ついた兵士はもはや兵士ではない。人間である。人間同士としてその尊い生命は救われなければならない」とソルフェリーノの戦いの悲惨な状況を『ソルフェリーノの思い出』として著し、各国に国際的な人道救護団体の創設を訴えた。赤十字の根本の思想としての「人道思想」の誕生である。

一八六四年、欧州の主要各国はジュネーブ条約を結んで、国際赤十字の組織が創設された。一五〇年を超えたこの思想は、現在世界中の一八六の各国に赤十字社（イスラムの国々では赤新月社と呼称し新月の標章を使う）を存在させる源となっている。国家にこのような人道団体の活動を、戦争においても保障することを条約で約束させたことは、実に卓越した国際的システムの構築を可能にしたと、私は考える。もしこれが単なる人道思想普及の民間運動、ないしは人々の心に訴えかける宗教的なものにすぎなかったら、現在のような形の世界最大の人道団体「赤十字」は存在しなかっただろう。

国家の立場から考えてみよう。「戦争で傷ついても、誰も助けてはくれない。しかれども国民である汝は銃をとり戦え」と命じて兵を徴集するよりも、「戦争で傷ついたら、汝は人間として敵味方の差別なく救護されるのだ。よって銃をとり戦え」と命じた方が、兵も安心し、国家は兵を確保できるのである。兵士の立場から考えれば、「傷つき、戦うことができなくなったとき、自らは人間として敵味方の差別なく人道的に扱われる」という、暴力の衝突である戦争に赴く者として救いを考えることができる。

赤十字の人道思想はこのように、国家には利となり、兵には救いとなる面も否定できない。

では、「人道」はこのようにルールとして規定されたから、遵守されるものなのか。それとも

「人道」は人間性の本質であり、「人間と獣を分かつもの」なのか。このことを、まず、赤十字はいかにして生まれたのかから始め、その後の歴史と現状に合わせて述べていき、その後、「人道」とは何か、それは人間の本質に根ざすものなのかということを考察していくこととしたい。

第1章　赤十字の誕生

赤十字誕生のきっかけとなった「ソルフェリーノの戦い」から 150 年が経過した 2009 年、世界各地から赤十字のユースがソルフェリーノに集まり、一般参加者を含めた 13,000 人が当時を偲ぶ「たいまつ行列」を行った。
© Marko Kokic/ICRC

1 「赤十字」思想の誕生――「人道」の萌芽

一八五九年六月二四日、北イタリアを旅していたジャン・アンリ・デュナンというスイスはジュネーブの裕福な実業家が、ソルフェリーノの狭い谷間でフランスのナポレオン三世軍とオーストリアのフランツ・ヨゼフ皇帝軍が激しく戦っているのを、カスティリオーネ周辺の丘から眺めた。当時の戦闘の常として戦闘は一日程度で趨勢が決し、夕暮れどきになると敗色濃厚となったオーストリア軍が一斉に混乱を極めて敗走を始めた。

戦争は、文学作品の主題にさえなりうる壮大な人間ドラマでもある。スタンダールは『パルムの僧院』で、一八一五年六月一八日、一連のナポレオン戦争の最後の戦闘、現在のベルギーの首都ブリュッセルの南東にあるワーテルローで戦われ、ナポレオンのひきいるフランス軍が敗北し、フランスによるヨーロッパ大陸支配を終焉させたワーテルローの戦いを描いた。そして、トルストイは『セヴァストーポリ物語』で、イギリス、フランス、オスマン帝国、サルデーニャの四カ国連合とロシアとの間で戦われたクリミア戦争（一八五三―五六年）に敗れ、没落するロシアを描いた。

しかし、これら文豪は、戦いの姿、国家の趨勢を見事に、その場に存在した人間の運命とともにに描いたが、デュナンの書いた本『ソルフェリーノの思い出』ほど、戦闘が終了した戦場の悲惨、打ち捨てられた敵味方の兵士の姿を具体的に描いた著作はそれまでにはなかった。

戦傷者から流れ出る血で黒ずみ固まっていく地面、銃器、背嚢《はいのう》、兵士の軍服が切れ切れになって散乱し、切断された人体の一部、骨の破片でまみれている戦場の現実の惨状が、デュナンの『ソルフェリーノの思い出』には書かれていた。死んだ兵士の顔は苦痛の表情のまま硬直し、渇きをいやすため水を求めて地面を這いまわる負傷兵たち、死体から金目の物品をはぎ取るロンバルディアの農民たち。戦いの醜悪さのすべて、人間の悪のすべてを晒け出した戦争の姿を描いたものであった。

デュナンは近郊のカスティリオーネの村で両軍の数千人の負傷兵が教会や広場に打ち捨てられ、瀕死の状態にあるのを見た。彼は医療・看護の経験は何もなかったが、戦傷者、戦病者の間を、たまたまいあわせた二人の英国人紳士とともに動きまわり、白いワイシャツを血に染めて、傷口を洗ったり、包帯を巻いたりした。しかし、そのような素人の行為が多くの戦傷者や戦病者の命を救うことには、もちろん、つながるはずもなかった。

「ソルフェリーノの戦い」は、一〇時間程度の戦闘で六〇〇〇人の命が失われ、その後の一〇ヵ月間で戦傷者・戦病者何千人の命が失われた。リベラルな、そして心根として「人間はすべて同胞である」との考えを持つスイス人デュナンにとって、政治的な考えに従えば、ソルフェリーノの戦いはイタリアをオーストリア帝国から解放するという、イタリア人の自由獲得の戦争であると強く認識していた。

しかし、その自由のための戦いで、両軍ともに、このように兵士を——国家に対する義務感のため、自らの恐怖、そして同種の人間を殺戮するという行為に身を震わせながら戦った兵士を——戦闘が終了した後、このように打ち捨てている現実を、デュナンは座視することはできなかった。この悪に対して何らかの行為をしなければ、と彼は強く思ったのである。

傷つき病んだ兵士は国家に尽くしたのだ、これら戦うことができなくなった兵士を、国家は尊重しなければならないという倫理に反する、とデュナンは考えた。そして通常ならば「人は人を慈しむものだ」という「人間性の倫理」と、国家が相矛盾する倫理で動いているということを見せつけるものが戦争である、とデュナンは実感したのである。デュナンは「人間性の尊重」ということが、戦うことができなくなった兵士に、かつ敵味方の差別なく確保されるべきと考えたのである。

デュナンがソルフェリーノの戦いから得た本質の、さらに重要な点は、戦争とは王や軍人のみの問題ではないと考えたことにある。つまり戦争そのものを否定したのでなく、「傷ついた兵士を見捨てることは国家の恥であり、道義性が高い国家であればあるほど、負傷兵たちを「トゥティ・フラテッリ（みな兄弟）」と呼んで、敵味方の差別なく手当を施したカスティリオーネ村の看護婦のごとく振る舞うべき」と考えたことにある。

この点で、クリミア戦争のかの有名な看護婦フローレンス・ナイチンゲールも同じように、戦争が軍人だけの問題と考えず、人間全体のモラルに関わることであると考えたことに類似する。しかし、ナイチンゲールは英軍が戦地に設置した野戦病院「ウシュキュダール」に鼠が這いまわる床に兵士がそのまま横たえられていることに、「死の床に横たわる兵士にベッドすら準備できない英国は恥じ入るべき」と訴えたように、人間のモラルにもまして、国家の恥辱と考えた。

デュナンがこうした考えに基づいて創設を考えた赤十字が、その後一五〇年の長きにわたって絶えることなく、より多くの国に受け入れられたのは、「平時から、戦時において戦うことができなくなった戦傷兵、戦病兵を敵味方の差別なく救護する人道団体を設置しておくこと」を国際条約として当時の欧州主要各国に訴え、実現させたことが、赤十字がその長い歴史の中で大きく発展する人道団体になり得た大きな要因であると考えている。

国際性の特質の一つは「普遍性」である。つまり普遍的価値を持つものでなければ、利害の対立を常にはらむ国際社会において、そのルールは各国に受け入れられない。言い換えれば、このような人道団体を設置しておくことは、「兵士には一つの安心感（傷ついた場合、救ってくれる団体があるのだという）を与え、そのような安心感を与えることによって、国家は戦争により多くの国民を兵士として徴兵することを可能とした」、つまり国家と兵士双方に、「国益」と、人間個人の拠り所としての「安心感」を与えたと言えるのである。

もちろん「戦争」と「人間性の問題」が高い道義性《モラル》のみで割り切れるはずがない。しかし、「道義性《モラル》」を戦争に持ち込むことによって、国家は「戦争における正当性」、そして「国民を、正当性を有する戦争に兵士として送り込む大義」を得ることができたのである。

人間としての兵士にも、さらに国民としての兵士にも一つの「新たな道義性《モラル》」を与えたことは、国民として、兵士として戦う義務感をより生じさせやすくした。極論すれば「悪い戦争でなく、正しい戦争」で、我々国民は兵士として戦うということである。これは歴史的転換点であったと言えるのではないだろうか。

ただし忘れてはならないことは、常に利益、すなわち「国益」が伴わなければ、国家というものに道義性《モラル》や正当性を、国際社会全体のルールとして要請し、そのルールの遵守を維持させられないということである。つまり国家は常に道義的に行動するものでなく、国家として国益に叶う戦争に「道義性」や「正当性」の性格を持たせるのである。一方で人間には、自己愛のみでなく利他のために尽くすということに、高い道義性を持つ者が常に存在するということである。このような人々こそが利他のための真の「新たな道義性《モラル》」、すなわち「『人道』の実践者」となっていったのである。

2　赤十字組織の創設

デュナンはナイチンゲールに書簡を送り、「国際条約において各国が平時から戦争犠牲者の救護を敵味方の差別なく行う人道団体の設置」に賛同を求めた。しかし、ナイチンゲールは「各国の軍の医療機関が、あくまでも自らの軍隊の戦病者、戦傷者の救護に責任を持つべきだ」と考えた。デュナンが中心となる思想として考えた、国際条約で平時の際から「人道」を戦時において実践する人道救護団体を用意しておくということには賛同しなかったのである。このことは意外と知られていない。時に赤十字とナイチンゲールは深い協力関係にあったと誤解している人々の方が多いほどである。

デュナンの考えは中立を周辺各国との条約で保障されたスイス人らしく、「人道救護団体は敵味方の差別なく中立、公平の立場で救護にあたるべき」というものである。さらに、デュナンの考えの重要な点は、このような団体組織はいかなる国家とも無関係に、国家から独立した「ボランティア団体」からなるべきであると考えたことにもある。そしてスイスの国際都市、ジュネーブの名士たち五人からなる「五人委員会」が一八六三年に創設されたのである。この委員会が後の赤十字国際委員会（ＩＣＲＣ）の中核となった。赤十字の誕生である。

一八六四年八月に、スイス政府の主催のもとに、アメリカを含む一六ヵ国の代表がジュネーブに会合した。その際、このような戦場における救護に従事する者は白い腕章を巻いてはどうかと提案された。さらに別の者が、その白い腕章に赤い十字を入れようと提案した。ここに、恐らく世界中で最もよく知られている「人道擁護の標章」――赤十字が創出された。

三週間後、一二ヵ国の代表がジュネーブ条約（赤十字条約）と呼称される条約を締結した。この条約により初めて「戦場における病院、救急車、医療従事者は中立化され、赤十字の標章が保護される物（者）を示し、敵兵も自軍兵士と同じ救護を受けられること」が国際条約で規定されたのである。しかし、これらのルールを担保する強制力も、ルールを守らない国家に対する罰則も定められなかった。デュナンとすれば、これらのルールを守る国家こそ文明国であり、守る人間こそ文明人であり、人道の実践者であることを示すことができることこそが、充分な担保（自国が文明国であることを示すことができる）になると考えていたのであろう。

それは、デュナンの時代の戦争の戦闘形態からすれば、もっともなことであった。しかし、デュナンが予想しない早さで戦争に関する技術、すなわち兵器・武器の発展はすさまじく、戦争の規模は拡大し、第一次世界大戦、第二次世界大戦に至って国家総力戦となった戦争の実態は、デュナンが考えた当時のジュネーブ条約を、戦争形態の変化に応じて次々と改定することを必要とさせた。

その後、朝鮮戦争やベトナム戦争などを経て顕著となった、「ゲリラ戦」、「正規兵と不正規兵の混在」、「戦争報道を行うジャーナリストの急激な増加と保護の問題」、「一般住民の犠牲が戦闘員より遥かに上回るようになる無差別攻撃の常態化」、「ダムなどに代表される民用物への攻撃」、「文化財への意図的な破壊行為」といった現代戦の特色に沿う形での二つの追加議定書（一種のミニ条約）の採択（一九七七年）さえ必要となったのである。

いずれにしろ、当時のデュナンは「野蛮な戦争が文明化された」と考えたのである。大きな満足を感じたであろう。しかし、同じ時、アメリカ最大の内戦、南北戦争が、北米大陸では行われ、兵器の歴史の中で画期的な機関銃、すなわち「ガットリング砲」がこの戦争で初めて使用された。そしてアメリカの当時の総人口約三五〇〇万人ということを考えれば、南北戦争の戦死者数約六二万人というのは、途方もなく残忍であって、特に戦病・戦傷者が打ち捨てられ戦死していったことを示している。

つまり戦争が、兵士のみでなく国民の多くを巻き込み、その残忍性を人々の前に現しつつあった、まさに新たな「戦争の時代」の足音が大きく響く中で、デュナンにより赤十字が欧州主要各国に、政府から独立した、戦争の際の「人道救護団体」として創設されたのである。

ここで、誤解されやすく、また忘れてはならない赤十字の「人道原理」として、我々が認識しておかなければならないことがある。つまり、「戦争を悪として根絶しようとするのが『赤十字思想』に代表される『人道』でない。赤十字は戦争根絶を目指す平和運動ではない。総力戦の模様を帯びつつあった戦争の前に『人間性の一つの特質』として、戦士にも、敵味方双方にモラルの遵守を取り入れようとした試みが、赤十字思想誕生当時の『人道』である」ということである。この「赤十字の人道原理」は、現在も基本的には変わっていない。

赤十字の「人道」は、一七、一八世紀の旧体制（アンシャン・レジーム）のもとで遵守されていた「人間性の特質」としての「戦士の礼節」、ひいては「戦争のモラル」を、ナポレオンの大量徴兵制によって国民戦争化した戦争、「新たな野蛮な戦争」にも、わずかでも取り入れようとした試みと言えよう。

皮肉な例だが、ルイ一四世時代の傭兵軍は莫大な経費を必要としたため、必然的に君主たちは傷病による兵士たちの消耗をできる限り少なくしようとした。チェルシーの王立病院やパリの廃兵院（アンヴァリッド）は、いずれも一七世紀の創設だが、当時の君主たちの「抱えている兵士たちの消耗をできるだけ少なくしたい」という君主たちの願望が具現化されたもので、決して兵士を人道的に扱うことを目的としたものではない。

ナポレオンが戦争の形態を国民徴兵による軍隊に変え、フランス民衆からなる兵士中心の戦争にしたからと言って、自由・平等・博愛の礼節ある戦争になったかといえば、逆に戦争の実態はむしろ残虐化した。さらに兵士の遺体に対する尊敬の念をも失わせていたのである。

英仏両軍のワーテルローの戦いでは、幾万の無名兵士の遺体は戦場で朽ち果てるにまかされた。骨となった遺体はイギリス人業者たちが収集し、イギリスに送り、すりつぶして骨粉飼料として販売までされていたのである。国家の戦争によってその命を落とした戦死者は、その兵士の階級の如何に拘わらず、より道義的、人道的に大切にされるべきという考え方がある程度浸透していったのは、クリミア戦争や南北戦争の後になるのである。

一八六四年に締結された、敵味方の差別なく戦傷病兵の人道的扱いを定めたジュネーブ条約は、そのような動きと時を同じくしている。つまり、かつて存在した「騎士道の礼節」や「戦の仁義」を、「戦士のエリート階層」のみならず、「平民の名もなき兵士たち」にまで及ぼそうとしたのである。

デュナンが創設した「赤十字国際委員会(ＩＣＲＣ)」にしても、その後、赤十字の中立性、公平性の原則から、その国、ないしは赤十字から要請がない限り救護に赴かない赤十字の姿勢にあきたらず、要請なき場合も赴くことを最大の特色として、一九七一年にアフリカのビアフラ戦争を契機として創設された国際的な人道支援団体「国境なき医師団(ＭＦＳ)」にしても、平和主義者として「人道」を前面に掲げているが、「戦争の終焉」や「戦争の撲滅」を第一の目的としているのではない。

デュナンの『ソルフェリーノの思い出』が当時の欧州で広く読まれた所以の一端は、戦争の必然性を冷徹に認め、かつ「尚武の文化」にかつて存在したヒロイズムに近い「モラル」、「人間性」を再び思い起こすことを、当時の人々に強く訴えたことにある。彼は本の中で、フランス軍のある大佐が連隊旗をとり、「この旗を愛する者は、我に続け」と叫んで打ちひしがれた兵士たちを奮い立たせた話を紹介している。だがデュナンは、騎士道の時代から機関銃の時代のはざまに自分は生きていると強く感じていた。それゆえにこそ、「進歩と文明」が叫ばれる中で、「戦争が避けることができないもの」ならば、その「戦争の惨禍を防ぐか、せめて軽減するのが緊急の課題」だとデュナンは訴えたのである。

3 創設者アンリ・デュナンとは

デュナンが創設した「赤十字国際委員会（ＩＣＲＣ）」は一八七〇年八月、ビスマルクのプロシア軍がフランスに侵攻した際に、その存在意義を最初に試された。フランス兵は、ほとんどの兵士がジュネーブ条約の存在さえ知らず、フランス軍の従軍看護婦には赤十字の腕章がほとんど支給されていないことに対してＩＣＲＣは注意を喚起した。プロシア軍が、傷の癒えたフランス兵の捕虜を、同国が戦線に復帰させせない確証はないとして、これらフランス兵捕虜の返還を拒んだ際、ＩＣＲＣはプロシア軍との調停に乗り出した。これらはある程度の成果を生んだが、デュナンがパリの一般市民を守るため、パリを「無防備地域」として「安全保障地帯」とすることには失敗した。

デュナンは平時から、戦争の際に敵味方の差別なく傷病兵を救う人道団体を政府から独立した形で創設し、欧州各国の政府にそれを可能とする国際ルールを作ろうと、『ソルフェリーノの思い出』を手に、あらゆるつてや自らの事業家としてのコネクションを利用し、各国の有力者、政治指導者に会い、また倦むことなく手紙を書き、送り続けた。

しかし、実際に一八六三年一〇月に一七ヵ国から二六人の代表が、ジュネーブの五人委員会（公益協会）が主催した国際会議において、デュナンの果たした仕事は会議の記録係にすぎなかった。デュナンは彼が大きな影響を受けたソルフェリーノの戦いの経験を基に人々の心に人道的救護団体の必要性を訴えかける能力に溢れていたが、人道団体を創設するに必要不可欠な、「ルールを制度化する能力」、「国際法としての条約文作成能力」等には欠けるところがあったという。条項を整え、協定文にし、決議を取りまとめるということに、デュナンが必要な意見を述べることは、会議の席でもあまりなかったと言われている。実際には五人委員会の中心となったジュネーブ公益協会の会長、弁護士のギュスターヴ・ムワニュエ博士が中心となり条約文が作成されていった。

そして次第に、デュナンは北アフリカの製粉事業にも失敗していく。すでに一八六四年の八月に最初の「ジュネーブ条約」が採択されてからは、赤十字国際委員会（ＩＣＲＣ）の会合にも出席しなくなっていた。彼は赤十字思想を生み出した偉大な人物であったが、会議の席では娯楽の名手として、各国の代表者を楽しませる役割ばかりを進んで行い、実際の条約文作りや会議の議長を務めたのは弁護士のムワニュエだった。デュナンは次第に必要とされなくなり、ついには事業にも失敗した。その中でもデュナンは人道的、そしてより博愛精神に満ちた新たな組織への夢を語り続けることをやめなかったという。彼は、「人道」の想いに取りつかれていたのかもしれない。デュナンが事業に倒産した後、五人委員会はデュナンとの関係を断った。ジュネーブに創設された赤十字国際委員会（ＩＣＲＣ）も、彼との関係を断ったのである。

それでも彼は赤十字思想の生みの親であり、まだ世界的な名声をもつ人であり、『ソルフェリーノの思い出』の著者である人物として知られていた。デュナンは各国の王族、皇族から招待され、パリやロンドンではまだデュナンの話に耳を傾ける者も多くいた。

しかし、彼の話や、その目指す博愛精神に満ちた人道組織が現実に形をなすことはもうなかった。赤十字の創設者としての名声は次第に失せ、哀れな、妻もいない男となり果てた。孤独で、腹をすかせたデュナンは、些細な書き仕事や翻訳でかろうじて生計を立てて行った。健康状態は悪化し、一着の黒スーツを着続けるしかなく、裾や袖はぼろぼろになっていたという。

この後、赤十字は何百万人の命をその歴史の中で救い、施しをなし、そして家族のもとに帰還させる人道活動を行った。しかし、そのことを知らずして、逆にデュナンは、その日々の生活で施しを受ける側になっていったのである。彼の後半生は多くは闇の中である。デュナンはスイスのジュネーブの街から離れ、コンスタンス湖畔の小さな町で隠遁生活を送るようになり、さらにスイス北東部の街ハイデン近く、ボーデン湖の畔の保護施設に収容された。「貧乏がどういうものか知っていたが、それが現実のものとして自らに降りかかっている」と日記に書いている。

その後一八年間を隠遁し、一九〇一年、無名のジャーナリストの記事によって、人々は赤十字思想の創設者としてのデュナンを思い出し、第一回ノーベル平和賞を受賞したが、大きな話題となることなく、世間から見捨てられたように、その九年後、八二歳で亡くなった。

間違いなく戦争の世紀であった二〇世紀に、多くの戦争犠牲者の命と、悲惨な状況を救う組織の「源」となる思想を生みだしたスイス人、アンリ・デュナンの最後の言葉として、次のような臨終の言葉が残っている。

「墓地へは『犬』のように運ばれたい。みんながやるようなお葬式は行わないでほしい。私には葬式の儀式などなんの意味もない。この世での、この最後の望みを叶えてほしい。私は皆さんの『善意』をあてにしている。私は一世紀に存在したキリストの使徒のような者であり、それ以外の何者でもない。」

デュナンの人生は、よくある偉大な人物の人生の末路の一つの例なのかもしれない。その偉業は、称えられる一瞬を過ぎた後、人々からは忘れ去られ、そして自らは名もなき者の一人として、この世から消えていきたいと願うという。このような人生を送った偉人は数多いかもしれない。しかし、彼が示した思想――「平和時から戦時に敵味方の差別なく戦争犠牲者を救護する、政府から独立したボランティア団体を創設しておく」は紛れもなく「人道思想」の一つの具現化であり、アンリ・デュナンの人生は、一人の偉大な人間が戦争の世紀、二〇世紀を前にした一九世紀末に存在したという証であったと、私は考える。

デュナンは不遇な人生の終章と感じていたかもしれないが、彼が亡くなった一九一〇年代には世界の多くの国で赤十字社（イスラムの国では赤新月社）が設立されていた。彼の思想は具現化していたのである。

しかし、最初に採択された「赤十字条約」とも言える一八六四年八月の「ジュネーブ条約」にも、またその後何度にもわたる改定を経て採択され、現在の赤十字に代表される人道団体の国際活動の基礎となっている「非人道的戦闘行為を規制し」、「非人道的兵器を禁止する」二つのグループからなる一連の国際条約、国際人道法と呼称される条約群の中心である一九四九年八月採択の「ジュネーブ四条約」（「陸戦における戦争犠牲者の保護」「海戦における戦争犠牲者の保護」「捕虜の人道的待遇」「文民の保護」の四つの条約）にも、デュナンが当初考えたような、「人間がみな同胞である」という強い主張はない。

むしろ、「戦争を人類学的な意味での通常の儀式」、「歴史の中で起こりうる必然」、「人間同士の避けられない紛争を最終的に解決しうる唯一の手段」と認めた上で、「戦争犠牲者をできる限り人道的に救護・救援することを可能としたい」という国際条約になっている。その上で、「民間人と、医療活動等の人道的活動に従事する者に危害を加えない」、「幾つかの人間性の倫理の基本原則に戦闘員が従うよう求めたことを規定」しているにすぎないものであり、「戦争廃絶を目指す」国際条約ではないのである。

4　赤十字ムーブメントの拡大と核兵器時代における限界

「赤十字思想」は二〇世紀に入って、戦時のみならず、平時にもその行動を促す運動体、「ムーブメント」としての拡がりを見せてゆく。

アメリカでは、南北戦争に従軍した看護婦クララ・バートンがアメリカ赤十字社を一八八一年に創設した。彼女は二三年間アメリカ赤十字を率いたが、さまざまな意味において彼女は赤十字の先駆的な活動をした。平時における国内外の自然災害の人道救援・救護活動を開始し、それは後に全世界の赤十字社の主要な活動の一つとなった。第一次世界大戦の前には「ファースト・エイド」、「水上安全法」、「パブリック・ヘルス」の実践を行っていった。そして赤十字は世界最大の人道救援・救護組織のネットワークになっていったのである。

国際法の分野でも、第一次世界大戦前はエポック・メイキングな時代であった。戦争の文明化、つまり戦争に必要以上の犠牲者が出ないように国際的なルールの枠を嵌《は》めていこうとした。

一九〇七年のハーグ条約改正と〇六年のジュネーブ条約改正は「陸戦における戦闘員と非戦闘員の区別」、「捕虜・傷病兵の取り扱い」、「民間人を軍事攻撃の対象とするような非人道的な戦闘行為の禁止」などを規定した。

しかし一元的な法体系で統治されるひとつの国家と異なり、統一的な立法機関、警察・司法組織、軍事機構を有しない、二〇〇以上の国家からなる国際社会の法——国際法の常として、その実効性は今に至るも完全には担保できない。

たとえばハーグ条約第二三条第五項では「不必要な苦痛を与える兵器、投射物、その他の物質を使用すること」を禁じている。しかし、「不必要な苦痛」とはすべての国家が納得するように、どのように定義するのか、それは不可能に近い。そして今に至るも後遺症や死亡者を生じている広島、長崎に投下された原子爆弾は「不必要な苦痛」を超えているという事実のみが六〇年以上を経ても存在し続ける。

一九九三年五月、国連の専門機関の一つである世界保健機関（WHO）が「環境や健康への影響という観点から、核兵器が国際法上適法かどうか」について国際司法裁判所に勧告的意見を求めた。その際の国際司法裁判所の勧告的意見は、「人道」を戦争の中で確保し、「非人道的兵器」

を国際法で禁じることができないという限界を如実に示したものであった。国際司法裁判所は次のように判断を示した。

「核兵器の使用や核兵器による威嚇は、一般的には武力紛争に適用される国際法、とくに人道に関する国際法に違反する。しかし、国際法の現状を考慮すると、国家が存亡の危機にあるときの自衛のための核兵器による威嚇や核兵器の使用は合法か違法か結論できない」（裁判長を入れて賛成七、反対七の可否同数。裁判長賛成）

というものであった。右に加えて国際司法裁判所は次の重要な一文を加えた。「国際社会は核軍縮を推進し、核兵器を厳格で有効な国際統制下に置く責務がある」と。しかし、最も人道に反する核兵器でさえ、国際法の中では禁止できていない。核兵器の廃絶は国際社会の努力目標と位置づけられている。

国家存亡の危機の際には、自衛のため国家は核兵器を使用することについて、国際社会の法の番人は「判断できない」としたのである。現在の核兵器に関する国際的ルールは、簡略に述べれば、一九六八年七月一日に調印されたＮＰＴ（核拡散防止条約、一九〇ヵ国が加盟）体制の中にある。この条約のポイントは二つある。

・一九六七年一月一日以前に核実験を行い、核兵器を保有したアメリカ、イギリス、フランス、ロシア（当時はソ連）、中国の核保有を認めるとともに、核軍縮に努めることを求めている。

・上記以外の国は核兵器を保有することはできないが、核の平和利用の権利を有し（たとえば原発）、平和利用をしていることを証するためＩＡＥＡ（国際原子力機関）の査察を受け入れる。

これが、デュナンが生み出した「人道」の具現化、赤十字社が世界一八六ヵ国にも存在する現代における、国際社会の現実である。核兵器、原子爆弾が「非人道的」や否やという議論を超えて、「核兵器を有する国、すなわち国連の集団的安全保障の責任を有する安全保障理事会の常任理事国の核の独占を認め、なるべく保有する核兵器の削減に努める」。「他の国々は核を平和利用のみに限定する」。これが「ソルフェリーノの戦い」から一五〇年を経た核時代の、「人道」について国際社会の辿りついた、現実の最も非人道的な兵器、核兵器に対する枠組み、ルールなのである。

ここにあるのは「人間性」、「倫理」やハーグ条約にある「人道の法と世人の良心の命じるところ」の文言の世界ではない。いわば、「国家存亡の危機」の際は「核兵器」が「人道」を超える世界なのである。さらに「国家存亡の危機」の際は「法」と「良心」を超えて、核兵器が使用される世界であるかもしれない。

5 「人道」の具現化とは何か――赤十字の意義

デュナンが生み出した「人道」の具現化とは具体的にどのようなものなのか。赤十字は、少なくとも「戦争を文明化」できると考えた。「人道」の思想を国際ルール化することにより、工業化した大量殺戮の戦争において、道義的なルールでその非人道性を抑制できると考えたのである。そして多くの欧州の人々は当時、それを信じたといえる。

しかし、当時から少数派ながら、「戦争を文明化」できるとの考えに、異なる考えを示した者もいる。プロシアの軍事評論家カール・フォン・クラウゼウィッツは「戦争とは敵を強引にこちらの意に従わせるための武力行為である。――武力には国際法とか慣習法と呼ばれる、ことさら言うまでもないようないくつかの、自ら課した微々たる制限がついているが、それが武力を弱めることはまずない」と言い切った。

だが、クラウゼウィッツはもう一方で、「全面戦争といえども、政治上、外交上の目的を、それ以外の手段で達成するために、『適度に加減した暴力』でなければならない」と考え、「暴力の行使に際しては、民間人の無差別大量殺戮や捕虜の拷問、殺害などは『軍人の沽券《こけん》』にかかわる」と考えていたのである。

デュナンにしても、もちろん「ソルフェリーノの戦い」の悲惨な状況から、平和主義者になったのではなかった。『ソルフェリーノの思い出』が広く読まれたのは、戦争の存在を冷徹に直視し、戦争の民主化、つまりあらゆる人々が戦争に巻き込まれる時代をも見つめつつ、せめて必要がない、すなわち救うことができる者は人道的に扱われ、その命を救われるべきと訴えた点にあった。

さらに、古代より存在した「尚武の誉れ」的な、「戦士への尊敬の念」を尊重するような戦争は過去のものになりつつある時代に、そして古代より勇気を持って帰属する部族、集団、社会のために命をささげる戦士でさえ、他の民族、他の宗教の者に対しては容赦なく殺戮を行う戦闘が近代国家をも蝕みつつある中で、戦争を単なる殺戮の場にしないためにも、キリスト教の枠を超えて「人間の倫理」、「道徳感の支え」として「人道」としての「戦争のルール」を明文化したことに、デュナン、そして赤十字の意義はあった。

6　戦時のみならず平時から

実は一八五九年六月二四日に行われたソルフェリーノの戦いから、その地で経験し、見た戦争の実情を、デュナンが実に謙虚な書名『ソルフェリーノの思い出』として本にまとめあげるまで三年もの歳月が経っているのである。

ソルフェリーノの戦いそのものを戦史的に述べれば、フランスのナポレオン三世と統一国家となる以前のイタリアのサルディニア公国のヴィットーリオ・エマヌエール王の連合軍が、オーストリア帝国の若き皇帝フランツ・ヨゼフ率いるオーストリアの軍を打ち負かした戦いである。その特色は、ヨーロッパの中央で大軍の移動が鉄道で大規模に実施され、電信機が実戦に使用され、さらに多くの従軍記者がこの戦争の模様をヨーロッパ中に報じた初めての戦争であった。

それにも拘わらず、両軍の偵察行動、諜報体制は未だ近代的ではなかった。六月二四日にソルフェリーノで突如、両軍が大規模な遭遇戦に突入したのは、ほとんど出会いがしらの偶然の結果だった。当日の朝、フランス軍の斥候前進部隊はオーストリア軍と小競り合いとなったが、これが近世で最も残虐な戦闘になろうとは、両軍とも思いもしなかったのである。

通常、当時の戦闘では、戦闘が開始される時が十分に予想され、それに合して兵士に食糧が与えられるものであった。しかし、フランス軍の兵士はわずかなコーヒーを飲んだだけだった。オーストリア軍の兵士には蒸留酒が急遽配られていただけだった。灼熱の太陽が六月のソルフェリーノの地に降り注いでいた。その中で、大砲の咆哮、白兵戦の兵士の絶叫、飛び交う言葉（両軍の兵士にはフランス人、ドイツ人、ハンガリー人、クロアチア人、イタリア人、モロッコ人、ボヘミア人、ルーマニア人が存在した）、これらの各言語の悲鳴が飛び交ったのである。

灼熱の太陽の後、夕刻近くには激しい嵐が訪れ、日が暮れたのちには激しい豪雨となった、これらすべての激しい気候の変化は、激しい戦闘の中で生じた両軍合わせて四万人もの負傷者の体力、生命力を奪っていったのである。戦闘自体は一五時間も続いた。当時としては珍しく長い連続的な激しい戦闘だった。

もともとデュナンがこの地、ソルフェリーノを訪れたのは、自分がアルジェリアに製粉所やプランテーションを創設する許可を、アルジェリアの宗主国フランスの皇帝ナポレオン三世に謁見して、直接得ることにあった。フランスの植民地庁は、デュナンの許可申請をたらい回しにして、デュナンは直接皇帝に頼みこむことで、一気に許可を得ようとしたのである。デュナンにはこれまでも、トップに物事を持って行って、実業家として成功してきた実績があったし、性格として、そのようなことを怯《ひる》むことなく行う人間だった。

そのようなデュナンがソルフェリーノの地で会ったのは皇帝ナポレオン三世でなく、四万人にのぼる、敵味方入り乱れて呻き、横たわり、這いずりまわる打ち捨てられた負傷者の群れだったのである。デュナンが『ソルフェリーノの思い出』でどうしても述べたいこと、そして述べなくてはならないと三年間想い続けた文章は、恐らくこの本の最後に実に控えめ、かつ慎重に述べられている次の文章であろう。

「献身的で熱意あり、またとくに適性のあるボランティアに戦時の負傷者を看護させる――このような目的を定めた救援組織を、平穏と平和の時代に設立する方法はないものだろうか。(中略)

各国の高級将校がときおり一堂に会し、国際的な拘束力を有した普遍的に尊重される取り決めの合意に、このような種類の会議を利用するのは望ましいことだ、とはいえまいか。その取り決めが確立され調印されれば、それはヨーロッパ各国で負傷者救援団体を設立するための基盤となろう。」

デュナンの『ソルフェリーノの思い出』では、最後の数ページで総括的に赤十字の精神となるもの、つまり「組織の基本的特質や準備に関する着想」、「医師や看護師の中立化（敵味方の差別なく治療、看護にあたること）」、「保護される者（物）を表す統一化された標章」、そして「天災に際しての活動枠の拡大」について数行にまとめられているにすぎない。

つまり、このデュナンの『ソルフェリーノの思い出』では、誰もが理解できること、それ以外のことは何一つ書かれたり、要求したりしてはいない。デュナンの人物には二つの特質が同居していた。一つは、一人の実業家にすぎず政治家でも偉大な文学者、文章を書くプロでもないのに、この一人の私人が、巨大な戦争の犠牲者を減らすことに、時には夢想的に、時には極めて簡潔直截にその考え、思想を育み、人々に訴える著書を長い期間をかけて完成させるという特質であった。

もう一つの特質は、その著書『ソルフェリーノの思い出』を、実業家らしく最大限の効果を狙って、あらゆるつてやコネを利用して、この本が届き、その人物が読み、赤十字を創設しようと思い立つように、狡猾とも言えるほど、もっとも影響力ある人物の手元に届くように仕組んだことである。

最初に一六〇〇部のみが、デュナンが経費を自己負担することで印刷された。しかし、すぐにさらなる増刷が必要となり、その三ヵ月後には第三刷が必要となり、三〇〇〇部が印刷された。パリ、ロシア帝国の首都サンクトペテルブルグ、ドイツのライプツィヒなど欧州の各都市で人々はこの本を我先に手に入れようとしたと伝えられている。各国の国防省の高官のデスク、女王の居間、欧州大陸の各有力新聞の編集部のデスクの上には必ず、デュナンの『ソルフェリーノの思い出』があったという。崇高な目的を果たすための狡猾さ、そういうものが実業家のデュナンには存在した。

7　現在の赤十字国際委員会（ICRC）

現在の「赤十字国際委員会（ＩＣＲＣ）」は元外交官の老練な六五歳のスイス人ヤコブ・ケレンバーガー（Jakob Kellenberger）に率いられている。彼は、ＥＵの統合が進む中で、中立国である自国スイスの経済的利益が損なわれることがないよう、ＥＵとスイスとの経済協定の締結にその卓越した外交交渉能力を発揮した。その点では実業家デュナンと「経済的利益の確保を生業とする」という点で結ばれているかもしれないが、多くの現代のスイス人エリートが、そして欧州各国のエリートがそうであるように、教養の基礎に古典がある。

彼はフランス文学、スペイン文学、言語学をスイスの名門チューリッヒの大学で学び、フランス、ドイツと国境を接し、世界のトップ5に常に入る世界的製薬企業の二社であるロッシュ社、ノバルティス社がともにその広大な本社をおき、中世から宗教、科学、通商貿易が栄えたスイス第三の街バーゼルにある、バーゼル大学からの名誉博士号の称号を授けられている。

この委員長のもと、ＩＣＲＣは一五人から二五人でなる委員（スイス国籍であることが条件）を最高意思決定機関として、二〇〇八年度には約九〇〇億円以上の運営経費を費やし、全世界に一万一〇〇〇人の職員（この中には現地の赤十字スタッフなど、一時的にＩＣＲＣと雇用関係を結んでいる者を含む）を抱え、八〇ヵ国以上で「人道救護活動（オペレーション）」を行い、ＩＣＲＣの本部があるスイスのジュネーブから各地のオペレーションの現場に一三二三人を派遣し、本部には恒常的に八一六人（二〇〇八年時点）が勤務し本部機能を果たしている。

この世界で最も規模的にも大きく歴史的にも長い「人道救護団体」が行った「人道的行為」とは、一二万一〇〇〇トンの食糧が、飢餓に苦しむ二億七九〇〇万人に届けられたこと。水質浄化や水路の建設といった現在の環境問題の重要課題の一つ、「水」についても一五〇〇万人に安定的な水の供給を確保したこと。さらに八三ヵ国で五〇万人の戦争捕虜（この中にはジュネーブ条約が適用されていない状況にあるテロリスト容疑者、囚人なども含まれる）と面会したことである。

赤十字国際委員会（ＩＣＲＣ）が二〇〇八年度予算の使用先を列挙すると、そのまま現在の紛争地図となる。すなわちスーダン（約九八億円）、ソマリア（約九二億円）、イラク（約八五億円）、アフガニスタン（約六三億円）、そしてイスラエル、パレスチナ等となる。これら活動の経費は、国連において国連加盟国が国連分担金を国連に拠出するように、赤十字の人道活動を支える国際ルール、国際人道法の中心をなすジュネーブ四条約締約国が支払うこととなっている。ＩＣＲＣの二〇〇八年度年報によれば、同委員会への最大の拠出を行っている国はアメリカであり、約二〇九億円となる。イギリス約一二二億円、スイス約九〇億円、スウェーデン約六九億円、オランダ約五八億円、ノルウェー約三八億円、ドイツ約二九億円、カナダ約二八億円等が大きな拠出を行っている国々となる。日本は約一四億円である。

国連への分担金を約一五〇〇億円も滞納しているアメリカが、額は少ないとは言え、常にＩＣＲＣの最大の拠出国であることは、これまでも何度か国際機関に対してさまざまな批判や、非協力的な態度さえもとってきたアメリカが、海外に最も多くの自国兵士を展開している国として、ＩＣＲＣの必要性を、よく認識している証ともいえよう。

一方で日本の拠出額の少なさは他の先進国と比較しても際立って少ない。戦時救護、ひいては国際人道救援・救護の日本における認識度の少なさが、そのまま表れているといえよう。

8　赤十字の光と影

デュナンの時代から見れば「赤十字国際委員会（ＩＣＲＣ）」の活動の形態は大きく変化している。各国の赤十字社が戦場において、敵味方の差別なく傷病兵を救護するという原型から、国家システムの崩壊している（しつつある）地域の武力紛争、またその崩壊の結果、極端な貧困や飢餓、部族間の対立から逃げ惑う女性、子供を多く含む戦争避難民の保護、宗教と歴史そして憎悪が複雑に絡み合う紛争地域での人道救護活動へと、その活動の焦点ははっきりと移っているのである。

また、中立の赤十字は、たとえ戦争犯罪を目撃したとしてもその犯罪の証言者や糾弾者にならないことで、敵対する双方からの赤十字が行う人道活動への干渉、最悪の場合は人道活動からの撤退要求を避けてきた。一方で、それは赤十字の「光と影の歴史」を形作ってきた。

一九四二年一〇月一四日、ＩＣＲＣを運営するスイス人政治家、法律家、医師、実業家二三名からなる委員会が、ナチスドイツ占領下における欧州各地の民間人の強制移送に関する赤十字派遣の要員からの証言、報告を検討するために集まった。当時のジュネーブ条約によれば、民間人の強制輸送はＩＣＲＣの関知する事項ではなかった。戦場における一般住民の保護は当時のジュネーブ条約が求めるところであった。また、捕虜収容所にいる戦争捕虜の訪問は赤十字の任務であったが、強制収容所にいる一般住民については赤十字が関知する国際法的根拠がなかった。

しかし、ＩＣＲＣは、強制輸送に関する情報や、実際に東欧方面に走り去る、人々が密閉状態に押し込められた貨車が連なる列車を目撃するようになっていた。ＩＣＲＣがドイツ赤十字社のエルンスト・グラヴィッツ社長に尋ねたが、「赤十字に関わりないことだ」と答えた。しかし、グラヴィッツ社長はドイツ赤十字社長であるとともに、ナチス親衛隊の軍医長でもあり、収容所における人体実験の責任者でもあった。ＩＣＲＣは次第にヒットラーがユダヤ人絶滅作戦を行っていることの確証を得ていったが、それを非難するアッピールを出すことにより、本来の任務である戦争捕虜への面接への権利が危うくなることを恐れた。ユダヤ人に対するホロコースト、すなわち現代の国際法において、人道に対する最大の侵害とされる「特定の民族に対するジェノサイド（大量殺害）」に沈黙したのである。赤十字の歴史には光もあり、影も存在するのである。

人はよく「人道」という言葉から、「人間愛」、そして「人類愛」ということを考える。広く人間すべてを人間らしく扱い、そしてみな同じ人類として遇するべきだという考えである。

私自身は既にそのような考えは持っていない。なぜなら、一九七七年から九二年まで外交官として国際政治、国際関係の最前線に立ち、いかに国際政治や国際関係の中で「人道問題」が扱われ、九六年に旧ユーゴ崩壊過程で生じたコソボ紛争の中で、「民族浄化」――すなわちセルビア共和国のコソボ自治区においてセルビア共和国軍とセルビア系住民の武装集団がイスラム教のアルバニア系住民を虐殺するという残虐非道な行為に対して、米国を中心とするNATO軍（北大西洋条約機構軍）が行った「人道的介入」という行為が、結局は「武力による軍事介入」であった現実を知る者としては、そのような理想的な、崇高な「人道の擁護」という言葉に対して、時に国際政治の道具として使われるという、「リアリズム」的な現実を思い浮かべてしまうのである。

さらに、九五年から二〇〇一年まで、世界の赤十字社の中で最も有力な一つであり、かつ医療職の職員を四万八千人以上抱え、年間一〇〇人近くの要員を国際人道活動に派遣する仕事の一端に関わった者として、「人道活動」とは「一〇人は見捨てざるを得ないが、一〇〇人の命を救う」という、極めて現実的な、まさに「リアリズム」の一面を持つ世界であると思うからである。

9　戦闘員と非戦闘員、戦争と戦争がもたらすもの

ＰＲＩＯ（オスロ国際平和研究所 the International Peace Research Institute, Oslo）の資料「Death in selected conflict Africa（アフリカにおける代表的紛争の死者数）」を示したい（表を参照）。特に注目してほしいのは飢餓等における死亡者数と戦闘死亡者数の大きな違いである。戦闘に命を落とす者の何十倍もの一般住民が、実は戦争によって生じた飢餓、病気などによって命を落とし

表　アフリカにおける代表的紛争の死者数

戦争国(地域)		飢餓等による死亡者(推定)	戦闘死亡者数	
		(人)	(人)	(%)
スーダン(南部独立戦争)	1963年〜73年	25〜75万人	2万人	3〜8%
ナイジェリア(ビアフラ独立戦争)	67〜70年	50〜200万人	7万5,000人	4〜15%
アンゴラ内戦	75〜02年	150万人	16万475人	11%
エチオピア内戦	76〜91年	1〜200万人	1万6,000人	2%
モザンビーク内戦	76〜92年	50万〜100万人	14万5,400人	15〜29%
ソマリア内戦	81〜96年	25万〜35万人	6万6,700人	19〜27%
スーダン内戦	83〜02年	200万人	5万5,500人	3%
リベリア内戦	89〜96年	15万〜20万人	2万3,500人	12〜16%
コンゴ内戦	98〜01年	250万人	14万5,000人	6%

ている事実である。

本書冒頭でふれたように、かつて戦争は国際社会において、国家の意思を最終的に貫徹する手段として正当なものであった。二〇世紀は戦争の歴史そのものであり、人類の歴史そのものも、その中心は戦争の歴史であった。オスロ国際平和研究所(PRIO)の統計によれば、紀元前三六〇〇万年前から現在まで、約五六〇〇年の間で戦争が存在しなかったのは、わずか三〇〇年にすぎないといわれる。特に一五〇〇年代から二〇〇〇年に至る間の戦争による死者数は圧倒的で、約五六〇〇年間の死者数の九五・八三%を占めている。この中でも第一次世界大戦、第二次世界大戦の死者数は甚大で、前者は一〇〇〇万人、後者は五〇〇〇万人以上にのぼっている。

しかし、より注視しなければならないことは、第一次世界大戦ではその割合が死亡者数のわずか五％台であった一般市民（非戦闘員）の死亡者数が、九〇年代以降あらゆる研究統計において九〇％台となっていることである。つまり、現代の戦争の犠牲者のほとんどは確実に一般市民（非戦闘員）であることは厳然たる事実である。

さらに重要なこととして、上記の統計に表れた、現在紛争が多発しているアフリカ地域における戦争、武力紛争の特色を述べたい。それは戦闘そのもので命を落とす戦闘員や非戦闘員である民間人の数より、戦争、武力紛争がもたらす地域の破壊、具体的には医療、公衆衛生、食糧生産システム、必要物資の流通システムといったものが破壊・崩壊して人々の命を最も苦痛に満ちた飢餓、栄養失調、基礎的保健医療へのアクセス不能という状態に落としめて奪うのである。これらの人々を救う活動、それが現代の人道活動の中心となっている。

かつてデュナンが考えた、敵味方の差別なく傷つき、病んだ兵士たちを救護する団体を各国が平時のときから設立しておき、それら団体の人道救護活動をジュネーブ条約で担保・保証するという状況から、大きく変化している。

変化しているものは何か。国際的人道救護・救援活動を行う環境・状況であり、その活動主体の活動形態であり、そしてその人道救護・救援活動によって救うべき対象者である。行う環境は混乱と混沌（カオス）の中であり、赤十字のみが行える規模を遥かに超え、そして救うべき対象は兵士からむしろ一般住民、特に戦争避難民になっているのである。

その結果、時に起こることは、救うほうにも、救われる方にも起こりうる惨劇と悲劇である。一九九六年一二月一七日は赤十字国際委員会（ＩＣＲＣ）にとって悪夢の日だった。

ロシアのチェチェン共和国の首都グロズヌイ近郊、ノーヴィエアタギのＩＣＲＣ管理の病院で、六名の赤十字の医療スタッフが殺戮された。ノルウェー人二人、カナダ人、スペイン人、ニュージーランド人一人の五人は女性、あと一人はオランダ人の男性だった。病院には赤十字の標章がいたるところにあり、赤十字の保護の象徴としてチェチェンに存在していた。かつ戦傷者を敵味方の区別なく治療していた。病院を襲った一団は、赤十字の伝統に従って武器は携帯していなかった警備員を負傷させた後、六人が就寝している場所で、サイレンサー（消音装置）付きの銃で、火薬による火傷が体に残るほどの至近距離から全員を射殺した。

この病院は殺戮が行われる四ヵ月前にロシア側とチェチェン側双方の同意を得てＩＣＲＣが開設したものであった。そして双方の負傷者を治療してきていた。虐殺事件の後、ロシア側からも、チェチェン側からも犯行声明のようなものはなかった。しかしＩＣＲＣはチェチェンでのすべての活動を停止しなかった。さらに、このような虐殺事件の後も、イラクにおいて、アフガニスタンにおいて、そしてすべての紛争地域の赤十字の活動において、ＩＣＲＣは警備要員を武装させることは全く考えなかった。

六名の遺体が納められた棺が赤十字旗につつまれて、ＩＣＲＣの本部があるスイス、ジュネーブの空港に到着した際、当時のＩＣＲＣのコールリオ・ソマルガ委員長は、赤十字の旗に包まれ並べられた棺を前にして、次のようにＩＣＲＣとしての決意を涙とともに述べた。

「われわれの努力は、戦争の巨大な悪の中でも、人間は最低限の人間性を失うことはないとの信念を拠り所にしている。今回の事件はこの信念を持ち続けることを難しくする。しかし、この信念がなくなれば、われわれは『獣』と変わらない。われわれは断じてこの信念を持ち続ける」。

この言葉は一見、「ナルシシズム」に聞こえるかもしれない。しかし、これは「リアリズム」に根づく赤十字の人道の根幹であろう。戦争を完全にこの世界から廃絶することはできない。ならば、自らの組織、赤十字に犠牲者が生じようとも、戦争において敵味方の差別なく、戦闘員であろうと既に戦うことを止めた傷病者ならば、そして特に一般住民の犠牲者の数を一人でも少なくしたいと考える「人道主義」である。この戦争に対する考え方は極めてスイス的である。ほぼ二〇〇年以上にわたる平和と中立のスイスであるが、スイスは反戦主義でもなければ、平和主義でもない。武装中立の国である。すべてのスイス国民が一定期間の軍事訓練を受ける。

スイス、ジュネーブの赤十字国際委員会（ＩＣＲＣ）から派遣された要員は各紛争地帯の検問所で鼻先につきつけられる銃器の性能を熟知し、分解手入れまでできる知識を持っている。ジュネーブの郊外の訓練センターで新入りの要員は、地雷原での車の運転法、検問所を通してもらう会話術、ロケット攻撃を受けた際の車からの脱出法、覆面をした男たちから小突かれまわされる模擬拉致体験、そして決して武器を自分の車に積まないこと、武器を持った者を同乗させないことを、嫌というほど叩き込まれる。

そして自らの身の安全は「赤十字の保護の標章」という不確かな捉えどころのない権威と、自らが自らに果たす中立と公平にかかっているのだと肝に命じられるのである。

10　ＩＣＲＣ要員の活動の現実

赤十字国際委員会（ＩＣＲＣ）の要員は、あらゆる国家における軍人を含めて、現代の戦争を最もよく知る人間である。そして、その中立性、公平性という原則から必然的に生じる、良く言えば自己顕示をプレイアップせず、しかし、悪く言えば中立、公平の基礎となる、紛争のいずれの当事者にも与せず沈黙を守る、という態度は変貌を迫られている。

一九九一年まで、非スイス国籍の者はＩＣＲＣの公平と中立性を危うくする可能性があるとして、紛争地に派遣される要員の幹部にはなれなかった。だが九一年からは他国籍の要員も幹部として派遣されるようになった。現に二〇〇九年に一九四五年以来六四年ぶりに開設されたＩＣＲＣの駐日代表事務所のトップはスイスで教育を受けた若き日本人である。そして今では他の国際的非政府人道組織（ＩＮＧＯ）と同じように、広く人々に自らの活動を知ってもらうため、大規模なＩＣＲＣの派遣団には必ず広報・報道担当者がいる。

ＩＣＲＣの矜持とするところは、このような戦争を知る者として、そして戦争犠牲者の救援をその最大の使命とする組織として、他の人道組織は撃ち合いが激しくなると、大抵は要員を避難させるが、ＩＣＲＣは現場に留まることを旨としている。

要員たちは現代戦のハイテクな側面と原始的な側面の双方の現実の姿に直面している。アフリカのルワンダのフツ族の武装集団がキガリの街を徘徊しツチ族を山刀でめった切りにしているのを車の中から見たし、一九九一年一月のバグダッドに留まったＩＣＲＣの要員たちは、トマホーク巡航ミサイルのすさまじい音と光の惨劇を体験した。このような訓練と過去の実績を有するＩＣＲＣは、最近極めて危険な状況での人道活動を強いられている。

たとえば、既に当時のブッシュ米国大統領のイラク戦争における「大規模戦闘終結宣言」（「戦争終結」という文言でないことに注意しなければならない。戦争が終了したならば、イラク戦争における当事者間の捕虜交換が、ジュネーブ四条約のともに締結国であるアメリカにもイラクにも義務として生じる。もっとも、イラクを統治していたフセイン政権は崩壊してしまっていたが）が、二〇〇三年五月一日に宣言されてから五ヵ月以上経った一〇月二八日、赤十字の標章を大きく掲げた、バグダッドのＩＣＲＣ代表部に自爆車両が突入し、ＩＣＲＣ現地職員二名の命が失われたのは、明確に赤十字を標的としたテロとしてＩＣＲＣに大きな衝撃を与えて、「最後まで踏みとどまり、戦争犠牲者の人道救援・救護」に尽くすという赤十字の矜持と拠り所の実践をイラクにおいて不可能とした。ＩＣＲＣは長期間イラクからの撤退を余儀なくされた。このことは、ＩＣＲＣに大きな落胆と挫折を味わわせた。

赤十字国際委員会（ＩＣＲＣ）は、イラン・イラク戦争が開始された一九八〇年に既にイラクにおける活動を開始している。それも単にＩＣＲＣのみが、単独で活動するのではなく、イラクにおける赤新月社（イスラム教国では赤十字の標章に替わり赤新月の標章を使用）の協力や、二〇ヵ国に上る各国赤十字社・赤新月社の参加を得て、国際的な赤十字のネットワークを構築して人道援助・救援活動を行ってきた。単に負傷者の治療や医薬品・生活必要物資の供給という一時的な、ファースト・エイド的な救援でなく、たとえばイラク南部の都市バスラにおいては一〇年以上の歳月をかけてバスラの都市給水システムを復興、構築するという社会的インフラ整備を含むものだった。米軍によるイラク攻撃が開始された二〇〇三年三月の時点では、ほぼ完璧な水道給水がバスラにおいては完成していた。それが米軍の爆撃により破壊された後も、バスラに留まりバスラ市内において六〇％から七〇％の給水状況を戦火の下で確保し続けていたのである。

当時、ケレンバーガー委員長はアフガニスタンやチェチェンにおいてさえＩＣＲＣは完全撤退しなかったことを述べた。特にチェチェンにおいては、先に述べたように赤十字の病院施設に就眠中の女性看護師五名を含む六名のスタッフが銃殺されたが、そのような残虐非道な殺戮が行われたが撤退しなかったことを強調した。

「チェチェンにおける悲劇は赤十字そのものが攻撃の対象となった訳ではない。チェチェンの悲劇は冷酷非道な殺人強盗が存在したということだ」と述べ、「しかしながらイラクの現状はＩＣＲＣそのものが攻撃の対象となっており、アフガンやチェチェンの場合とは全くことなるものである」ことを強調した。

ケレンバーガー委員長はＩＣＲＣのバグダッドの事務所が自爆攻撃を受けた際に米国を中心とする占領当局から、同事務所を厳重な警護の下におきたいとの申し出があったことを認めながら、「しかし、われわれ赤十字の使命は紛争当事者の一方の側の軍事力の下にあることはできない。そのようなことは敵味方双方への人道援助活動を不可能とする。人道援助活動は、一方の側に与して行うことはできない」と述べた。

また二〇〇六年七月のイスラエルとパレスチナの武装抵抗組織ヒズボラの戦闘では、赤十字標章を大きく屋根にしるしたレバノン赤十字の車両に砲弾が打ち込まれた写真をロイター通信が世界に配信し、人々に大きな衝撃を与えた。

ここに示される重要な事実は、ＩＣＲＣは長い年月をかけてイラクの人々の信頼と感謝を勝ち得てきたが、そのような人道的組織そのものがまさに攻撃の対象となるような状況がイラクには生じていたということである。赤十字が「善」と「悪」とを区別せず、戦争犠牲者すべてに人道的行為を行うように、武装集団や紛争集団は「善」も「悪」も見境なく武力攻撃の対象とする時代が、我々の目の前に示されているのである。

二〇〇六年から〇八年までにＩＣＲＣのスタッフに関する死傷者が生じたケースは二〇〇六年に一一六件（死亡四人、負傷一九人）、〇七年一〇〇件（死亡〇人、負傷六人）、〇八年一〇四件（死亡四人、負傷一二人）となっている。過去一〇年間の一九九六年から二〇〇六年まで紛争地域で殺害されたＩＣＲＣ要員は、ソマリア、アフガニスタン、ブルンジ、チェチェン、コンゴ、コソボなどにおいて二六人の犠牲者を生じている。

このような危険な任務に拘わらず、赤十字国際委員会（ＩＣＲＣ）にはここ毎年何百倍もの応募者がある。多くは最低でも修士号を有し、博士号を有する者も多い。英語、フランス語の他に数ヵ国をあやつることができる者たちも多い。そのような者たちが、普通であれば約束される安泰で高給取りの生活にあきたらず、何らかの人生の充実感、高揚感、そして自らが、世界の役に立っているという満足感などを求めてＩＣＲＣに採用されることを願って応募してくる。

この傾向は現代の戦争がますます戦闘員と非戦闘員の区分けが混沌としてゆく中、より強い傾向となっている。後に述べるが「国境なき医師団」（ＭＳＦ、赤十字と異なり現地機関の要請なくとも現地に乗り込むこともあえて行う）、「セーブ・ザ・チルドレン」（Save the Children　一九一九年にイギリスで創立され、「児童の権利条約」を活動理念として、その実現に努めている）、

「CARE《ケアー》」（CAREは六〇年以上の歴史を持ち、約五〇〇〇人の専門スタッフと約一二、〇〇〇人の現地スタッフが教育、衛生、コミュニティ開発など包括的アプローチを特色とする）、「オックスファム」（Oxfam 一九四二年にイギリスのクエーカー教徒、オックスフォード大学の教育関係者が創設した。飢餓の救済に大規模に対処している）などにも、同じように「自らの人生の何か」を充実させてくれるものを求める者が、数多く応募してくる。

ＩＣＲＣで、応募者は「応募理由書」を提出して、厳しい面接を受ける。そしていきなり「それで、何から逃げようとしてここへ来たいのかね」という面接官の質問に多くの応募者が出会うのである。採用された大半の者は、この現代世界で「人道」を実現できると信じて、ＩＣＲＣで国際的人道組織での仕事をスタートする。燃え尽きてしまう者も多い。また、戦争で離ればなれになった家族の再会を果たしたり、殺されたと家族が思った者を捕虜の中に見出したりして、大きなやりがいと喜びを感じて仕事を続ける者もいる。

確かに第一次世界大戦から一九五六年のハンガリー動乱のころまで、赤十字国際委員会（ＩＣＲＣ）は突出した規模と成果を誇る「国際人道援助・救援機関」であった。大量殺害（ジェノサイド）を、その行われている渦中で防ぐことはできなかったが、戦闘終結とともに、ドイツや各地の強制収容所に最も早く駆けつけ救援活動を行ったのはＩＣＲＣの要員だった。

一九四五年八月九日に東京入りしたＩＣＲＣから派遣された医師マルセール・ジュノー博士は

連合国捕虜の状態を確認するとともに、九月一日には原爆投下直後の広島に入り、その惨状を目にして、ＧＨＱと交渉して一五トンの医薬品の提供を受け、約一万人の被災者に約一ヵ月間の治療を可能とした。

11　ＩＣＲＣの活動の変容

しかし、このような人道分野における赤十字国際委員会（ＩＣＲＣ）の突出した活動は、一九六八年のアフリカのビアフラ戦争あたりから、ＩＣＲＣもさることながら、他の人道機関のありようをも大きく変えてくる。それはテレビ報道の存在や、それぞれの人道援助機関が、自らの存在価値を示す競合、ありていに言えばどれほどマスメディアを通じて、自らの組織をより広く認知させるかの競争の様相を、呈してきたのであった。

ビアフラ戦争とは、ナイジェリアのイボ族を主体とした東部州がビアフラ共和国として分離・独立を宣言したことで起こった戦争である。厳しい飢餓と、栄養不足から来る病気、北部州におけるイボ族に対する虐殺により少なくとも一〇〇万人を超えるイボ族が死亡した。

その中には多くの飢餓の子供たちが含まれ、報道写真やテレビ報道により、赤十字の支援不足という非難も生じ、他の人道援助機関も入り混じり、報道機関に自らの機関の有用性を訴え、資金提供者、マスコミの注目を集めることに奔走するなど、中立・公平というＩＣＲＣの原則への大きな疑問が生まれた。

このような状況の変化の中、次第に、たとえば山刀を振り回してフツ族がツチ族の女性、子供を殺戮する中で、不偏不党などあり得るのか、起こっていることは大量殺害（ジェノサイド）そのものであり、その非人道性を強く世界にアッピールすべきではないか、セルビアのコソボ自治区で起こったセルビア系武装集団とセルビア共和国軍が行ったアルバニア系住民への虐殺は、一つの民族を抹殺しようとする民族浄化作戦そのものであり、その非人道性と犯罪行為を世界に訴えていくことこそ大切ではないかという非難がＩＣＲＣ内部にも生じてきた。

特に赤十字のそのような態度にあきたらずフランス人ベルナール・クシュネル[*]等が創設した「国境なき医師団（ＭＳＦ）」らから大きな非難の声があがり、ＩＣＲＣの中立主義は疑問視された。

＊一九七一年に「国境なき医師団（ＭＳＦ）」を創設した後、七九年にはジャーナリストたちとともにベトナムの人権侵害を告発したりして、ＭＳＦの内部対立を生み、よりラディカルな「世界の医療団」を八〇年に創設、その後二〇〇八年五月からはフランスの外務大臣に就任している。

また、武力紛争の双方の側で活動することを可能にするための、報道機関や世論への発言に対する慎重さや、ましてや沈黙の原則も、沈黙そのものが結果として証言者の不在につながり、戦争犯罪に加担しているのではないかという非難が、多くのジャーナリストからあがっている。

このことは、デュナンが当初考えた主義主張はどうあれ、犠牲者は平等だという主張を弱めている。一つの民族集団が他の集団を抹殺しようとしたり、いくつもの武装集団がその国や地域の覇権を争って、意図的に敵方地域の一般住民に恐怖を与えるために一般住民虐殺などをしたりする苛烈な現代の戦争において、「善」と「悪」との区別は存在するのであり、人道機関は「悪」に対して糾弾の声をあげるべきではないかという変容を、ＩＣＲＣのみでなく、すべての国際的人道援助・救護機関に迫っていると言えよう。

世界で初めて「百科全書」を完成させた哲学者・作家として著名なフランス人ドゥニ・ディドロ（Denis Diderot 一七一三―八四年）は「善行を行うだけでは足りない。その善行はまた、うまく行わなければならない」と述べた。この言葉こそ、一九七〇年代の終わりから九〇年代の二〇年間にかけて、ＩＣＲＣが直面した問題そのものである。

「人道」をかざす、ＩＣＲＣの赤十字の旗の下に、すべての国連の人道援助に関わる専門機関をも含む、多くの国際的人道援助・救援組織をまとめ、効果的な人道援助を行えるかを問われ、試された時期であった。

12 「人道」とは何か

一九七九年一月、ベトナムの部隊がカンボジアの首都プノンペンに進駐して、クメール・ルージュの恐怖の支配に終止符をうった（国連の委託を受けた、フィンランド政府の調査団によれば、内戦とアメリカ軍空爆による死者が六〇万人、ポル・ポト政権奪取後の死者が一〇〇万人となっている）。いずれにしろ、各種研究機関やアムネスティー・インターナショナルが推定した死者数は一二〇〇万人から一七〇〇万人である。このような大虐殺の中、一〇〇万人にものぼる人々が飢餓と戦争を恐れてカンボジアからタイの国境を越えてタイ領内に大量の戦争避難民としてあふれ出たのである。赤十字に代表されるさまざまな人道機関、そして国連がこのために設立した国連国境救援機関（UNBRO）に至るまで、成り立ちも、スタッフの質や出身も異なる組織の調整役を任され、効果的な戦争避難民への人道救援の責任を負ったのは「赤十字国際委員会（ICRC）」であった。

しかし、ICRCのみのスタッフで、避難民への適切な医療処置にいくら二四時間体制で奔走しても、自前のスタッフのマンパワーだけで、膨大な数の戦争避難民に対応することは無理だった。そこでICRCは、当初から続いていた、同委員会で働けるのはスイス人スタッフのみという規定を廃止して、各国の赤十字社に医療関係者を派遣してくれるように要請（赤十字では「アッピール」と呼称している）を発した。とりわけ先進諸国の赤十字社がこの「アッピール」に応えて、一九七九年から八一年までの間に、タイ及びカンボジア国境の戦争避難民救援に対して二〇ヵ国以上の各国赤十字社の職員がＩＣＲＣの傘下で協力して働くこととなった。

このようなスタッフは「スタッフ・オン・ローン」、言ってみれば「貸し出し職員」である。国連からの依頼を受けて現地に出向いた人の中には、当時、日本外務省の国連代表部公使（日本外務省は近年、適任者が学識経験者などにいると、国連総会の中で人権・人道問題を扱う第三委員会と呼称する委員会の日本政府代表を務める公使級の外交官を、民間から登用している）であった緒方貞子氏がいた。緒方氏はこう回想している。

「タイ、カンボジア国境にいる非常にたくさんの難民。私は、生まれてからあんなにたくさんの難民の姿を見たことがない。難民に出会ったこともないし、ああいう多数の人間が国境を越えて、自分の運命がどうなるかわからないような状況を見たこともなかったのです。（中略）『人道問題』に関心が向かったのは、もともと何か『素地』があったのじゃなくて『状況』じゃないでしょうかね。私はそういう『状況』におかれたから、関心が増えたのだと思いますよ。私は国連人権委員会の日本政府代表もしましたからね。

人権の論議というのは抽象的なのですよ。けれども自分の権利がほんとうに侵されて、いろいろ問題が起こってくると、それが実体化するのです、やっぱり。『人道論』でもそうじゃないでしょうか。責任を持たされれば『人道』の実態に触れていくわけですよね。」

（『緒方貞子――難民救援の現場から』東野真著、集英社新書）

ここでいう、「責任を持たされれば」というのは、「自然災害や武力紛争で被災者や被害者を救援・救護する立場にいたったとき、初めて、人として日常の生活の基盤を奪われ、医療や食糧、住まい、そのような最低限の人権を奪われた人々を救う活動の当事者になれば」ということである。言い換えれば、「自分自身が被災者、被害者になったときは悲惨にくれて、打ちひしがれる状況のみで、『人道』とは何かということは意識にあまり上らない。しかし、救う立場になれば、『人道』とは一体どのようなもので、どのように実践していくことが大切なのかを初めて考えるものだ」ということである。

13 赤十字の多様な活動と組織、その広がり

振り返ってもう一度赤十字を考えてみると、世界の一八六ヵ国にある赤十字社、赤新月社（イスラム諸国）は、たとえば「水上安全法の講習会」から、日々の街頭での「献血受け入れ活動」をやっているかと思えば、みずからのスタッフ、ないしは自国の赤十字社と契約を結んだ者を災

害現場や武力紛争地に派遣する。これらすべてが赤十字、人道活動で括られてしまうものであろうか。一般の人々にはすべて赤十字のマークのみが残像に残っていく活動であり、意義あるものであるが、「人道」とは何かを強く普通の人々に考えさせる活動ではない。

そしてこれらは赤十字のマーク一つで括られてしまうが、かつてデュナンが創設した「赤十字国際委員会（ＩＣＲＣ）」が戦争犠牲者の救援を主たる任務として発展してきたのとも異なる、もう一つの自然災害救援・救護や各国赤十字社の平時の献血やボランティア活動の援助を共同で行う各国赤十字社の連合体、「国際赤十字・赤新月社連盟（ＩＦＲＣ）」という赤十字の国際団体が存在することも、普通の人々にはよく知られていない。

ＩＦＲＣは、第一次世界大戦後の一九一九年、イギリス、フランス、イタリア、日本、アメリカの赤十字社を中心に作られ、ＩＣＲＣと同じスイスのジュネーブに本部をおいている。そして二〇〇九年一一月には、このＩＦＲＣの会長に、日本赤十字社の近衛忠煇社長が選出された。自然災害の被災者救援の第一線の各国赤十字・赤新月社の連合体のトップに日本人が初めて選出されたことになる。赤十字の「人道」実践の第一線に日本人がトップとして立つ時代は既に来ているのである。

このように、実は赤十字を標榜する国際機関はＩＣＲＣとＩＦＲＣと二つ存在するのである。ＩＣＲＣはデュナンが創設したといえる戦時救護を主体とする団体。ＩＦＲＣは自然災害など平時における災害被災者の救護を主とする団体なのである。

これら赤十字の二つの国際団体に加えて、数多くの国際的非政府組織（ＩＮＧＯ）や国連の専門機関、世界保健機関（ＷＨＯ）、国連難民高等弁務官事務所（ＵＮＨＣＲ）などが、自らの魅力を、存在価値として広くメディアを通じて訴えかけ、活動資金獲得競争に奔走しているのも、知られざる国際的人道活動の現実の姿なのである。

人道のシンボルとなった赤十字の旗の裏で、その実態がこのように多様となっている。世界中であまりに広範囲の活動が行われ、前述したように青少年を対象とした安全教室から、政治捕虜を訪問するなど、まるでなんでも屋の様相を呈している。そして、どの国の赤十字社も、二つの国際赤十字の組織も、現在の世界を巡る経済・財政状況の悪化の中、突き詰めればまず自分自身の組織のことをまず考えざるを得ない状況にもある。そして、あからさまではないがライバル意識を持っている。

しかし、一方で協力という方向へ変化しつつあるのも事実である。かつて赤十字国際委員会（ＩＣＲＣ）本部で、赤十字活動の提携を行う部署を担当したスイスとポルトガルの二重国籍を持つアンジェラ・ググスティング女史は、一九九〇年から九三年までアフリカのモザンビークとソマリアでＩＣＲＣの仕事をした後、アドバイザーとして独立し一五ヵ国の赤十字社の長所と短所を査定した。そして九七年にＩＣＲＣに復帰したが、各国赤十字社とＩＣＲＣの関係が変化したことをはっきりと感じたという。それまではＩＣＲＣは、各国赤十字社をどのように自分たちのために利用できるかを考えていたが、現在は真のパートナーシップを求めて情報・分析を交換したり、できるだけ緊密な協力をしたりするようになっていることを、強く感じたという。

　たとえば一九八〇年代のＩＣＲＣによるレバノン赤十字社への支援である。キリスト教のみでなく、イスラム教スンニー派の人々も多くいたのにも拘わらず、宗教対立を超えて、レバノン赤十字社は内戦の最中活発な人道救援・救護活動を行っていた。ベイルートの紛争地帯に派遣されたＩＣＲＣの要員は、この国に根付き、全国で活動しているレバノンの赤十字社が、ＩＣＲＣにできない人道活動を可能にしてくれることに気づき、その意味を理解した。

　一方でレバノン赤十字社の幹部、管理部門は効率的でなく、自分たちの利益のみを考える一部の有力な一族との関係を持っていた。しかし、ＩＣＲＣは当時のレートで一〇〇万スイスフラン（約九〇〇〇万円）にも上る援助金をレバノン赤十字社に供与し、その活動を支援していくこととした。その最大の理由は、レバノンの複雑な宗教対立関係、部族間争いの環境の中でも素晴らしい活動をしているボランティアの存在だった。

　キリスト教マロン派*の救急車の運転手が危険を顧みず、対立するイスラム教シーア派などの牙城に赤十字マークのみで入り込み救護活動を行う。彼らボランティアは赤十字の公平、中立、人道の原則のみを毎日唱えていた。このことだけでも、ＩＣＲＣは、紛争続く当時のレバノンで、レバノン赤十字社を貴重なパートナーとして資金援助をするに値する存在と考え実行したのである。

*レバノン国内の三割を占める。同国の政治、経済に圧倒的な影響力を持つ。キリスト教の東方典礼カトリック教会の一派。ローマカトリックと異なりアラビア語、シリア語によって典礼を行う。

これと全く異なったのがアパルトヘイト(人種差別政策)を赤十字運動でも行っていた当時の南アフリカ赤十字社である。一九八〇年代半ばの南アフリカ赤十字社は国策としてのアパルトヘイトと政治面で力を持つボーア人(オランダ系移民)の人種差別意識に支配され、赤十字の人道原則の重要な一つである「どの犠牲者もその肌の色とは関係なく救助されなければならない」という理念は全く顧みられていなかった。黒人が居住するスラム街タウンシップでは暴力が渦巻き、多くの人々が救援を求めても、安全でないという理由から南アフリカ赤十字社の救急車はタウンシップに行くことを禁じられていた。ＩＣＲＣの中東部長であったアンジェロ・グネディンガーはこう振り返っている。

「私は南アフリカ赤十字を黒く塗りつぶすぐらいの気持ちで、根本的な思想転換を図った。コミュニティー・オーガナイザー・プログラム戦略と名付けて、タウンシップに赤十字の新しい組織細胞を作り、ＩＣＲＣによって教育された黒人の人々に出資し、それをタウンシップなどの人道的な窮地に陥っている場所に根付かせるようにした。黒人に率いられた救護隊がタウンシップなどの地に赤十字のマークとともに救護に奔走することで、次第に南アフリカ赤十字社のアパルトヘイト的イメージは払拭され、九四年の南アフリカの黒人への権力移譲の際は、南アフリカ赤十字社は完全に人道原則に則った赤十字社として、既に成り立っていた」。

さらに、冷戦終結後のＩＣＲＣは新しく、根本的な問題を抱えることになった。アジア、アフリカ、そしてヨーロッパでも民族間や地域間の紛争が頻発し、先にも触れた他の国際的な人道組織、「オックスファム」や「ＣＡＲＥ《ケアー》」、「セーブ・ザ・チルドレン」、「国境なき医師団」などの有力な、そして数多くの人道組織が直接、自らの判断で救援・救護活動を盛んに行うようになった。

そのような中でＩＣＲＣは他の人道機関にどのような態度を取るべきだったのか。そして特に一段と厳しさを増す各組織間で自らの存在価値を示し、より多くの支援者（資金）を勝ち得る競争の中で、どこまでも、最も古い人道機関として「人道の実践」を第一義として掲げる、そして商業主義に陥らない人道機関としての独自性をどこまで、主張すべきであるのか。そして何よりもＩＣＲＣの国際法的基礎を与えており、その普及・実践が使命とされている国際人道法が尊重されないどころか、全く遵守されないようになり、さらに問題を複雑にするごとく、誰が戦闘員で、誰が非戦闘員なのか混然とする戦争や武力紛争の中で、一般住民の犠牲がその戦争や武力紛争のほとんどを占めるようになった状況の中で、いかに状況に即した人道機関としての存在価値（レゾンデートル）を示しうるかという問いを突きつけられている。

実は一九八〇年代にはすでに赤十字運動の構成団体（各国の赤十字社）はカンボジア・タイ国境で難民救援活動を実施しているＩＣＲＣに申し分ない経験と資質を備えた要員を貸し出せるのだから、独自に国際的な活動をして、いったい何が悪いのだとストレートに思い始めていた。

そして自らの赤十字社についてテレビのゴールデン・タイムのニュースに映し出される国際的な活動が、自国で献血活動を行うよりも、より多くの個人の寄付を集めることができるというのは、周知の現実であった。たとえば一九八五年七月、エチオピアの飢餓（ビアフラ戦争を含む）のために開催された、ロンドンのウェブリースタジアムで行われたライブエイドは世界中に中継され巨額の寄付金を集めたことで、各国赤十字社を始めとして他の人道救援組織にも、マスコミが注目するところで国際的活動を行わなければならないという、重いプレッシャーが恒常的にかかるようになったのである。

このような背景を踏まえて、これまでも多くのスタッフ・オン・ローンの要員をＩＣＲＣに供出してきた、国際救援活動に経験豊富なスカンジナビア諸国（スウェーデン赤十字社、ノルウェー赤十字社、フィンランド赤十字社、デンマーク赤十字社、アイスランド赤十字社等）の赤十字社が、ＩＣＲＣとこれらスカンジナビア諸国の赤十字社間で定期的な要員、職員の交換を行い、スパーバイザーとしての責任はＩＣＲＣにあるが、これらスカンジナビア各国の赤十字社が遂行していく国際的な人道救援・救護活動、言わばＩＣＲＣからこれら各国への「移譲プロジェクト」遂行が基本的に合意されたのである。

一九八八年当時の二億九三四〇万スイスフラン（約二二五九億六五九〇万円）に達したＩＣＲＣの出費のうち、一二・四％が各国赤十字社からＩＣＲＣに直接支払われ、それは物資供給という形での援助となっていた。一方、スイス、アメリカ、スウェーデン、イギリス、カナダ政府などが各締約国に課せられる拠出金という形でＩＣＲＣに資金提供しており、その割合はＩＣＲＣの活動予算総額の六四・三パーセントにものぼっていた。

当時、ＩＣＲＣの委員長であったソマルガはこう述べている。

「赤十字国際委員会の活動に欠かせない各国からの資金提供を確保したいなら、これら各国の赤十字社が国際的に名を成す機会を与えてやらなければ、どうにもならないということは分かっていた。しかし、私たち（ＩＣＲＣ）にとって大切だったのは、これらの協力が赤十字国際委員会の傘下で行われるということだった。」

14 「中立」とは、「公平」とは

このようにデュナンが発祥の、敵味方の差別なく戦争の犠牲者を救うという、崇高と思われてきた「人道」という概念は、実は時代の流れとともに、たとえば「中立」とは現在の国際紛争ではあり得るのか、「公平」とは「善」と「悪」とを区別しないことなのか、とその解釈の明確化を迫られている。同時に、赤十字国際委員会（ＩＣＲＣ）のみでなく、国際的な規模で活動し、それぞれの理念を掲げるさまざまな民間の国際的人道組織に対しても同じ問題を提起しているのである。

そして何よりも、それぞれの国で「人道」の活動を遂行する組織の中で、ＩＣＲＣは他の人道団体との「資金獲得競争」、「自らの存在価値の明確化」の問題に加えて、いっそう困難になっていることがある。武力紛争、戦争難民救援の現場において効果的な「人道」活動を実施するための、経験ある人材、そして資金の確保も、ＩＣＲＣが対処しなければならない大きな課題となっている。

「人間の倫理」、「人間の良心」という、「人間性」に根差した普遍的な価値、概念としてとらえられてきた「人道」。しかし、国際社会のこの現実の中で、そして秩序が崩壊してゆくという紛争現場で、効率的に、具体的に「人道救援・救護活動」を実施するには、常に「政治的な駆け引き」、「資金の確保」という世界の中で、どのような対応を採ることが、汚濁にまみれない「人道」を遵守するＩＣＲＣ、ひいては一八六ヵ国に存在する各国赤十字社・赤新月社としてありうるのかという問題に変化しているのである。「手段」はデュナンの時代と異なり純粋でないかもしれない、しかし「目的」は正しいのだと自らに言い聞かせて活動し、救援の現場に赴いているのが実態なのである。

このような状況に加えて、ＩＣＲＣの本部があるジュネーブでわずか徒歩一〇分のところに本部を置き、自然災害に主として対応することを使命とする各国赤十字社・赤新月社の連合体「国際赤十字・赤新月社連盟（ＩＦＲＣ）」との関係はさらに複雑である。

ＩＦＲＣは平時の活動として、弱小な赤十字社に資金的援助を行い、その組織や発展を全面的に支援することも行う。この重要な仕事は「キャパシティ・ビルディング」と呼ばれ、結果として開発途上国における赤十字社、ないしは赤新月社の「足腰を強める」ことになる。そしてＩＦＲＣのもう一つの使命、自然災害が起こった際の国際的な支援活動の「調整機能」に、多くの有力な赤十字社はあまり興味も関心も示さず、ＩＦＲＣの存在意義を意識していなかった。彼らは直接動いて「人道救援・救護活動」を行った方が効果的と考えていた。

このような調整機能の仕事について、ＩＦＲＣのある職員は「あまりセクシーな仕事じゃない」と筆者に述べたことがある。つまり、メディアや国際的な人道・人権活動の世界で、注目を引かないというわけである。しかし、一九九〇年代から連盟も、フィンランド人のパー・ステインペック、カナダ人のジョージ・ウェーバーといった、自国での閣僚経験もあり、ダイナミックな資質を持つ者がＩＦＲＣの恒常的な事務方のトップの事務総長になると、次第に自力で軍事対立が起きている地域の救援にも乗り出していったのである。その大きなテストケースとなったのが、一九九一年一月の湾岸戦争であった。
当時、イラクが撤退期限を超えてクウェートから撤退しないとき、大規模戦争が一気に勃発するのか、それとも多国籍軍がイラクを押し戻すようにしてクウェートから軍事行動を統率し、地域的な武力紛争に終わるのか、ＩＣＲＣの本部も、イラクのバグダッドに残ったＩＣＲＣのイラク派遣団も予測できなかった。

一方で有力な各国赤十字社や「国際赤十字・赤新月社連盟（ＩＦＲＣ）」は独自に救援活動に乗り出す姿勢を示していた。ＩＣＲＣとＩＦＲＣの提携協定が合意に達したのは、開戦のわずか三時間前だった。しかし、戦闘が終結したと見るや、各国赤十字社の、それぞれの母国の赤十字から派遣された者たち——ボツワナ赤十字から派遣された外科医も、日本赤十字社から派遣された日本人医師も、アルジェリア赤新月社から派遣されたアルジェリア人医師も、一斉にバグダッドを目指して行ったのである。

このような先陣争いと政治的思惑に基づく混乱は、戦争終結後のイラクでも顕著にみられた。たとえば、ドイツ赤十字社はドイツ国防軍とともにトルコで人道活動として、北方イラクからフセインの圧政から逃れてくるクルド人の救援にあたった。しかし、北方イラクからイラク軍そのものの部隊が撤退すると、クルド難民たちは再度北方イラクに戻り始めたのである。そしてＩＣＲＣは、北方イラクが国際法上の戦闘地域であることを理由に、ドイツ赤十字社がクルド人の戦争避難民とともにトルコから北方イラクに入ってくることに抵抗を示し、ジュネーブ四条約に従って、ＩＣＲＣの傘下で、北方イラクで行動するために、フセインのイラク政府の了承を取り、アンマンとバグダッドを経由して北方イラクに赴くことを求めたのである。

人道救護・救援活動をクルド人の人々に行うために、実際に携わっているドイツ赤十字社にかなりの負担がかかることを承知で、ＩＣＲＣは、法的に非難されない、すなわち公平、中立原則に固執したのである。一方でドイツ赤十字社とは別個にクルドの人々の救護にあたっていたトルコ赤新月社は、ＩＣＲＣの強硬な要請に拘わらず、直接イラク北方に押し進んだ。

このように、ＩＣＲＣの勧告や法的な中立、公平を確保するためジュネーブ条約に基づき、特に戦争当事国や紛争地域における人道活動にＩＣＲＣは厳格な態度を、少なくとも自らは固執するがごとく貫いた。これは、数々の戦争を経験した歴史の経過の中で正しいものと信じられてきたし、「敵味方の差別なく、救援の手」は赤十字の「人道」の金科玉条と言えるものであった。

しかし、そもそも、人道活動を行うためには金科玉条を守るのみでは、宗教と変わらない。実効ある人道活動を行うことこそ、結果としては最も重要なことであるとＩＣＲＣも各国赤十字社の連合体ＩＦＲＣもよく認識はしていたのである。

カンボジア、タイ国境の難民救済の経験を経た七〇年代、レバノン内戦や南アフリカのアパルトヘイトの経験を経た八〇年代、そして湾岸戦争、ルワンダ内戦、ソマリア内戦の九〇年代と、数多くの現代の戦争、武力紛争、難民救援の中で最も重要なことは、その地に根付き、信頼を勝ち得ている赤十字社、赤新月社との連携と資金提供であろうが、赤十字のマークが、かつてのように人道活動要員の生命の安全を保障しなくなってきている現代の人道活動を考えると、一八六ヵ国に存在する赤十字社・赤新月社のネットワークと、そして何よりも現地の信頼と現地の実情を知る、現地の赤十字社との連携を通じて、現地の一般住民の人々の信頼を得ることこそが、現代の人道援助・救援活動を行う上で、最も重要である。このことは、マスコミの注目を浴びるために他の国際的な人道組織と張り合うよりも、またＩＣＲＣがすべての主導権を握るよりも、はるかに重要であり、これこそが唯一、混沌を極める現代の人道活動の現場で、「人道」を具体的に救護・救援の行動として可能とする必須のものであると認識することが、現代の国際社会のなかで赤十字が「人道」を具現化する唯一効果的な手段となっているのである。

第2章　カオスの中の人道活動

アフガニスタン内戦の最前線の村の子供は、常に対人地雷の無差別・非人道的な脅威に晒されている。学校での地雷教育が欠かせない。
©ICRC/M. Kokoîc

1　平和の時の「人権」と有事の際の「人道」の不明瞭さ

時に我々は「人権」という言葉と概念を、「人道」のそれと混同して使用している。たとえば「日本人の拉致は『人権』問題だ」、「拉致問題は『人道』問題として解決が図られるべきである」。実はこれは、「人権」においては二つの概念があること、そして「人権」と「人道」が現在、国際法においてどのように規定されているかということ、二つの大きな混同から生じている。

「人権」を考えてみよう。「人権」には次の五つの特色がある。

①人間本来にそなわったものであるという「固有性」

②他者によって侵害されてはならないという「不可侵性」

③個人の意思によったとしても他者に譲渡したり、自ら放棄したりすることができない「不可譲与性」

④あまねくすべての人に保障されるという「普遍性」

⑤現在の人のみならず将来の人にも保障されるべきであるという「永久性」

これらをもう少し、その性格に注目して大きく二つに分けてみよう。一つは、「自由権的人権」であり、もう一つは「社会権的人権」である。

「自由権的人権」とは、たとえば「思想の自由」、「宗教の自由」、「言論の自由」、「表現の自由」といった個人の人権である。さらにこれら個人の人権から広げて、現代社会で生活する個人の「社会権的人権」とは何かと考えてみれば、「集会・結社の自由」、「学問の自由」、「居住・移転の自由」、「職業選択の自由」といったものになっていくだろう。もちろん「自由権的人権」及び「社会権的人権」いずれの根底にもあるものとして、人間が生まれながらに付与されている「基本的人権」――「平等権」、「生存権」、さらには多くの文明国家の憲法に取り入れられている「文化的で健康な生活を営む権利」といったものが考えられよう。

文明国家ならば、これら基本的な人権に加えて、たとえば労働者の権利としての団結権や交渉権を保証するし、また国民一人一人に少なくとも文明国家として当然に求められるであろう一定基準以上の「文化的で健康な生活を営む権利」が国民にはあり、それは国家の努力目標ではなく、国家が国民の権利として保障してゆかなければならないということになるのである。いずれにしても、これら人権の根底にあるものは、人間は生まれながらに付与されたさまざまな基本的な権利があり、その権利を国家が理由もなく、法にも基づかず侵したり、無視したりはできないということである。

このように「人権」を整理して考察してみれば、平和時に絶対的に保証されなければならないこれらの権利が、戦時において国家がその国家意思の最終的貫徹手段として武力行使を行う際、ないしは敵方の国家等からの武力行使に対抗する際に、さまざまな制限を受けてくることがおのずから理解される。たとえば戦争状態にある中、国民が「居住・移転の自由」に基づき、制限された防護地域に勝手に住居を定めたり、避難命令を拒否したりしたら国家は効果的な防衛行動をとることが不可能となる。また「思想の自由」や「表現の自由」を基礎に、敵方を利する言動や、極端な場合敵方の考えに同調し、敵対行動を自国国家内で行うようなことになっては、戦時の国家としては、ある一定の人権の制限と統制を行うのは当然ということが理解されると思う。つまり、平和時に侵すことができない人権は、戦時には一定の制限や統制の下におかれるという特質を持つものなのである。

戦争に赴く、戦争に巻き込まれる、戦争から逃れる――このようなことすべては、人権の観点から考えれば、生まれながらにして人間一人一人が持つ、自然権的人権の基本中の基本、「生存権」が大なり小なり危険にさらされ、侵されるということなのである。

これら「人権」に対する理解を基礎に、「人道」を考えてみよう。デュナンが考えた「人道」の最初の具体的概念は、「戦うことを止めた兵士は、もう兵士ではなく一人の人間として敵味方の差別なく救われるべきである」ということにあった。このような当初の「人道」概念は、その後の戦争形態、国際関係の大きな変化を受けて、広くかつ具体的に変化している。兵士というものについて考えてみれば、「兵士は敵方の捕虜となったとき、犯罪者でなく自軍兵士と同じ食糧、医療の保護を人道的に与えられ、戦争が終結した際には、お互いに捕虜を交換帰還させる」ということになる。そして兵士と一般住民、軍事施設と民用物等という視点で「人道」概念を具体的に示せば、「軍事攻撃は兵士、軍事施設のみに限られるべきであり、民用物、たとえば原子力発電所、ダム、文化・宗教施設、病院等、そして一般住民を攻撃の対象としてはならない」ということになる。

さらに、攻撃対象でなく、攻撃に使用する兵器にまで「人道」概念は適用され、国際条約によって使用禁止ないしは廃棄が定められている。具体的には、不必要に苦痛を与える兵器、ないしは無差別殺傷を引き起こす兵器である。この点から言えば原爆は最も非人道的兵器であるが、核兵器の使用を禁止する国際条約は存在しない。核兵器が第一章に述べたように国家存亡にも関わる戦略兵器として依然として存在するからである。一方で子供たちさえ犠牲になるというより、最も多い犠牲者となる対人地雷、足で触れると自らの顔面の前の高さに飛び上がり、何百という小さな鉄玉を顔面に降り注ぐS－マイン地雷、細菌を利用して地域全体に致死性の伝染病を広がらせる生物兵器、空気中に人知れず散布され、その気体に触れた皮膚を糜爛《びらん》させ、吸引したものを死亡させる化学兵器などは「非人道的兵器」として国際条約で使用が禁止され、破棄しなければならないとされている。

2　特定通常兵器の非人道性

我々日本人は人類史上、現実に核兵器の被害を受けた唯一の国である。それゆえにこそ、核兵器の非人道性を我々の責任で訴え、そして未来の世代への、歴史への最大の義務として核兵器を廃絶すべき義務がある。核兵器の非人道性は言うまでもないが、核兵器と同じように、あるいは時には核兵器よりも非人道的といっていい通常兵器がある。

これを特定通常兵器と呼称する。これらは、国際条約によって使用禁止や削減の縛りをかけられることなく使われている。二〇〇一年九月一一日に米国で起こった同時多発テロに対して、米国は国内に、テロリスト達を匿《かくま》っているとしてアフガニスタンを攻撃した。ブッシュ大統領は「連邦非常事態計画」の発動を指示し、その後、テレビで「我々、および同盟国は、テロに対する戦争を勝ち抜く」と演説した。米国が行った攻撃が国連憲章に禁止される報復戦争だったという声は多い。つまりテロという犯罪に対して報復として戦争を行うことが許されるかという問題である。

国連憲章が許す主権国家による武力行使は、集団的自衛権、個別的自衛権の発動のみとなっている。私自身は、テロの規模の大きさ、その犠牲者のほとんどが一般市民だったことを考慮するにしても、やはり米国がアフガニスタンに行った武力行使は報復戦争だったと思う。ある犯罪が行われた、その犯罪者が匿われている国がある。だからその国を報復攻撃するという理屈である。テロという犯罪に対してはやはり警察・治安・情報収集活動を基本とするべきではなかったか。たとえば米国空軍によるあのような大規模の空爆ではなく、空爆はできる限り減らして、警察活動として特殊部隊を投じて、ビンラディンを捕まえて裁判にかけることがありえたのではないかと思う。百歩譲ってこれを国連憲章が認める個別的自衛権の行使にあたる軍事行動としたにしても、自衛権というものは、加えられた攻撃と自衛のための軍事行動との間に均衡があるもの、つまり国際法上の自衛権の発動に求められる「均衡性の原則（プロポーショナリティーの原則）」を満たすものでなければならない。

しかし、空爆は大規模に行われた。そして空爆において使われたのは、悪魔の兵器と言われる「クラスター爆弾」であった。

「クラスター爆弾」は「収束爆弾」とも言われる。一個の「クラスター爆弾」には通常二〇二発の子爆弾を内蔵している。「高」高度ないしは「中」高度で爆撃機から投下され、地上数百メートルにまで落下し、空中で爆発して約二〇〇個の子爆弾が、弾けるように広域に飛び散っていく。これら数多くの子爆弾は地上近くに達して、連鎖的に爆発してゆく。この子爆弾は鋼鉄製で、その破片が戦車の装甲をも貫通する。戦車の装甲というものは、戦車正面を五〇センチほども厚く被い、砲弾をも跳ね返す。しかし、戦車の全ての外面にこのような厚い装甲を施すと、巨大な重量となり、戦車にとって必要なスピードを確保することができなくなる。このようなことから戦車は上下面の装甲は比較的薄くできているのである。それでも、地雷に対しての必要最小限の装甲を戦車下部に施さねばならない。結果として戦車上部の装甲は最も薄くなっている。

しかし、いずれにしろ戦車の装甲を突き通す爆弾破片が無数に上空から飛び散ってくる。人間はずたずたにされる。さらにやっかいなことは、このような子爆弾には当初から一定割合の不発弾が出る。それは約二〇〇個のうちの一〇%から三〇%といわれる。この子爆弾が危険な不発弾となって、長い期間、攻撃された地域の安全を脅かす。たとえば米国はアフガニスタンに爆弾をばら撒いた一方、黄色の袋に入れた食糧などの人道援助物資を投下した。残酷なことに「クラスター爆弾」の子爆弾は同じ黄色で塗られていて、多くの住民は食料が入った袋と不発弾を取り違え、不発弾を爆発させて命を落とした。

二〇〇一年のアフガニスタンへの報復戦争で初めて、「クラスター爆弾」のように広範な地域全体の無差別殺戮を意図した非人道的な兵器が使用されたわけではない。古くは一九〇〇年に「ダムダム弾」という、人間の体内に入ってから無数の小片になる弾丸を禁止するため、各国の間で「ダムダム弾の禁止に関するハーグ宣言」が取り交わされ、国際法上ダムダム弾を戦争の際に使用することが禁じられた。

「ダムダム弾」とは、一九世紀当時英領インド、コルカタ近郊のダムダム工廠で製造された弾丸であったことに、その名の由来をもつ。弾丸は貫通することなく、着弾の衝撃で弾頭が人間の体内で炸裂することにより、深刻で回復不可能なダメージを敵兵士に与えることから、イギリス軍が多用した。しかし、その非人道性と自国兵士も使用されると深刻なダメージを与えられるという、言わば「兵士の保護」という相互利益の合致から、一八〇〇年代後半以降には幾つかの国際条約、特に「陸戦に関する規定」等において、戦争における使用が禁止された。しかし、右規定によって拘束されるのは戦争における兵士の場合のみという解釈から、警察、狩猟等において現在でも多用されている。

このような現実の下でも、国が非人道的な通常兵器（核兵器ではない）を開発し続けるのを追いかけるように、現在、「特定通常兵器」と呼ばれる、非人道的兵器の戦争（内戦は含まれない）における使用を禁止する数々の国際条約を、これまでに国際社会は採択している。それは一九二五年（一九七〇年に改定）の「毒ガス等使用禁止に関するジュネーブ議定書」、一九八二年の「生物毒素兵器禁止条約」、「環境改変技術敵対的使用禁止条約」、一九八三年の「特定通常兵器使用禁止制限条約」、一九九七年の「化学兵器禁止条約」、一九九八年の「特定通常兵器使用禁止制限条約の追加議定書」、「対人地雷禁止条約」、そして、二〇〇八年五月の「クラスター爆弾禁止条約」と続いている。日本も〇八年一二月に加入、自衛隊が保有していた砲弾、ヘリコプターから発射する「クラスター爆弾型ロケット弾」などを廃棄した。

このような一つの非人道的兵器「特定通常兵器」の禁止を定める場合、多くの諸国が加われば加わるほど、これら兵器を条約に従って廃棄する国の、言わば戦術の上で高い殺傷能力と威嚇効果を与える兵器を廃棄する不安と懸念を取り除くことができる。具体的に言えば、日本は国際条約に従って「クラスター爆弾」を廃棄したが、中国、ロシア、北朝鮮、韓国、台湾といった日本の周辺諸国は条約に加わらず、当然「クラスター爆弾」を自ら、非人道的な兵器だとして、廃棄するわけがない状況にある。

そして、このことが、日本の安全保障に不安を与えるという論議となるのである。国家という存在が、モラルと道義等に基づいて行動するのかといえば、おそらくそうではない、ないしはそうではない部分が多いと言えよう。そのようなとき、「人道」の遵守と、国家の軍事上、安全保障上の不利益の選択を求められたとき、「人道」は脇に押しやられる場合が多いのである。現に、「クラスター爆弾」についても、イギリス、ドイツなどは、クラスター爆弾に含まれるすべての子爆弾に自爆機能を持たせ、もしくは不発弾とならない措置をほどこしたものとして「クラスター爆弾」を保有、使用しつづけるのである。

3　非人道的兵器と国際条約

なぜ、それでもこのような非人道的兵器を制限ないしは廃絶すべく、国家はときに数々の条約を作ろうとするのか。おそらく、その根底にある考え方は、「過度に傷害を与えて、かつ無差別に効果を及ぼす兵器は、あらゆる戦闘において使ってはならない」ことが、国家の道義性を高め、戦争においても結果として戦場における一般住民、ひいては国際社会からも、「きれいな戦争」、「正当性を有する戦争」を行っているとして、より大きな国家利益を得ると考えるからである。

究極の暴力の衝突である戦争においても、「敵に過度の損害」や「無差別攻撃」が許されているわけではないという考えは、結果として戦争や武力紛争の当事者である国家、引いては国際社会全体として益になる。このような考えに基づいてこれまで採択されてきた数々の国際的ルールを、現在では国際人道法と総称している。つまり、非人道的兵器を禁止する数々の国際条約と、一八〇〇年代後半から採択された非戦闘員を攻撃の対象とするような、無差別な非人道的戦闘手段を禁止する数々の国際条約、この二つのグループの諸条約が、総称として国際人道法と呼ばれている。

非人道的な戦闘手段である「無差別攻撃」は、どのような時代、どのような兵器を用いても、国際条約である国際人道法、特に一九四九年に採択されたジュネーブ四条約及び一九七七年に採択されたジュネーブ四条約に対する二つの追加議定書が、絶対に禁止する行為である。つまり条約は特定の行為を禁止することを目指しており、禁止される行為の性格が、時代により大きく変化するものではない。無差別攻撃や非戦闘員を殺戮する行為は、いかなる方法であっても、常に国際条約は禁止しているのである。

しかし、一方で科学技術の飛躍的な発展により、数々の新兵器が開発され、結果として、これら非人道的な兵器を禁止する国際条約の策定が兵器の発達に追いつかないでいる。一つの非人道的兵器を禁止した条約をやっと採択したと思ったら、次の新たな非人道的兵器が開発され、禁止する国際的ルールもなく戦争に用いられるようになる。

さらに、非人道的な「特定通常兵器」を禁止する条約の採択を困難にしている最も大きな問題の一つは、軍縮・軍備管理交渉の当事国となっている各国がジュネーブで行う軍縮会議[*]において、軍縮・軍備管理に関わる条約は全会一致でなければ何事も決めることができない。

＊多国間で軍縮条約を作るための世界唯一の交渉機関。二〇一〇年一月現在、六五ヵ国が参加。九六年に核実験全面禁止条約ＣＴＢＴを交渉して以来、実質的交渉や議論はほとんど行われていない。年三会期制で今年の会期は二〇一〇年九月二四日まで。

対人地雷の禁止も当初は、既存の「特定通常兵器使用禁止制限条約」に追加する議定書を以て実現しようとした。しかし、米国、ロシア、中国といった地雷大国の抵抗で、追加議定書を作ることはほとんど不可能であった。これを打ち破ったのが「対人地雷禁止条約」を作るために採られた「オタワ方式」である。簡単に言えば、「この指とまれ方式」である。

まず対人地雷の禁止に賛同する国々が条約案を作り、対人地雷の非人道性——すなわち「無差別に人々に、失明や手足を失うといった障害を引き起こすことが目的であること」である兵器の禁止を、カナダや欧州中小諸国の市民団体が中心となり、各国に訴えて「対人地雷禁止条約」の参加国を増やしていき、一九九七年一二月には九〇ヵ国以上の賛成を得て条約採択に成功した方式である。この方式の革新的な点は、これまで大国である米国、ロシアや中国などの思惑により、さまざまな非人道的兵器の禁止条約が長年採択されないという軍縮・軍備管理条約の全会一致方式を打ち破り、非人道的兵器である対人地雷を禁止するという人道主義に賛同する国々を増やしていき、結果として多くの国々が参加する条約を作ることに成功したことである。カナダやオーストリア、ノルウェーといった国々とともに条約採択の先導役となった赤十字国際委員会（ＩＣＲＣ）の代表が、条約採択に際して「人道主義が山をも動かす力を証明した」と言ったが、このような感激を述べたくなるほど、「対人地雷禁止条約」を作ることは困難と見られていたのである。

しかし現在でも次から次へと非人道的兵器が開発され、戦闘で使用されている。たとえば、米国が開発した「バンカーバスター爆弾」は、一九九〇年の湾岸戦争で米国が初めて使用した。この爆弾は別名「地中貫徹爆弾」と言われる。冷戦終結後、米海軍の持つ戦艦が不要になり、海軍の兵器廠が戦艦の主砲の予備として保有していた砲身の多くがいらなくなった。その砲身を幾つかの輪切りにして、砲身の真ん中の空洞に高性能の爆薬を詰め込んだものである。戦艦の砲身は鋼鉄の中でも特に硬度が高い素材で作る。つまり戦艦が戦闘中、何十発も連続して砲弾を打っても破壊されることがないようにしてある。そのような材質から作った重さ約二トンの「バンカーバスター爆弾」を航空機で高高度から落とすと、三〇メートルの深さで地面に突き刺さる。さらに信管を爆弾の先端ではなく中ほどに装置していることにより、地中三〇メートルの深さで爆発し、投下地点の広域の地下構築物を破壊する。また砲身から転用された厚い鋼鉄を破ることで、さらに閉塞された地中で爆発することで、圧縮された力を突き破って、巨大な破壊力を生む。小型原爆に等しい破壊力を湾岸戦争でも示した。

人間はあらゆる善なることも考える。しかし、使わなくなった戦艦の砲身をこのように「バンカーバスター爆弾」とするような悪魔的知恵も働かせるのが人間なのである。兵器開発者であれば、人は最善を尽くしてこのような兵器を開発する。それはＩＣＲＣの要員が自らの命を危険に晒してまで他者である人間の命を救おうとする努力と、人間が置かれた立場で最善を尽くすということでは同じ行為とパッションなのである。

アフガニスタンの戦争では、タリバンが潜んでいるといわれた山岳の洞窟陣地の破壊にこの「バンカーバスター爆弾」が使用されたが、その地中への貫通力は湾岸戦争の際の三〇メートル程度でなく、遥かに地中深くに貫通して爆発したことから、砲弾として使われたのは戦艦の砲身の廃物利用でなく、「劣化ウラン」が使われたと見られている。「劣化ウラン」については後に詳細に述べるが、砲弾を被う材質に「劣化ウラン」を使用することにより、砲弾の硬度を格段に増し、爆弾の貫通力を飛躍的に増大させたものである。しかし、湾岸戦争の際にもこれを使用した米軍兵士に、「劣化ウラン」が発する放射線による後遺障害が発生し、その重大な危険性が指摘されている非人道的兵器である。

アフガニスタンでは、米軍はさらに「燃料気化爆弾」をも使用した。これはその爆発の際の爆破波紋から「デージーカッター」とも呼ばれる。これは古い歴史を持つ爆弾で、最初はベトナム戦争において初めて使用された。この爆弾は七トンもある巨大なもので、パラシュートをつけて落とす。なかには油が一杯詰まっており、爆発によりその油は空中に飛び散ると同時に点火され、空から地上一帯を炎が覆い尽くす。高熱を発し地上の構築物を焼き尽くすとともに、激しい衝撃波が発せられ、木々や地上のものをなぎ倒し、学校の運動場ほどの地域全てをなぎ倒すか、焼き尽くしてしまい、いかなる生物も存在しない焦土とする。これはヘリコプターが多数用いられたベトナム戦争において、一瞬にしてヘリコプターの着陸地を提供するとともに、敵兵を焼き殺す兵器として開発された。アフガン戦争の際、米軍統合参謀本部のペース中将は「燃料気化爆弾が爆発すると地獄だ。目的は人を殺すことだ」と述べ、学校の運動場程度の広さに存在する人間を無差別に焼き殺す威力の爆弾がアフガンで使用されていることを明らかにした。

このような兵器は戦闘員ばかりでなく、その殺傷能力が激烈かつ広範囲に及ぶことから無差別な殺戮兵器であり、非人道的である。さらには空爆という攻撃手段に必然的に伴う「誤爆」により、より多くの非戦闘員である一般住民を殺傷することで、その非人道性を大きくしている。

4 劣化ウラン弾、生物毒素兵器、化学兵器

軍事用語に「円形半数必中径」という言葉がある。爆弾を投下した際、その半分が、(従って半分は円から外れる) どれだけの半径を持つ円の中に落ちるかという割合のことである。この数値、つまり円の半径が小さければ小さいほど、爆弾投下の命中率が高いことになる。よくピンポイント爆撃、ないしはスマート爆弾による精密な攻撃という言葉が使われる。これらの言葉から、米国の空爆は極めて正確に狙ったところを爆撃している印象を我々は持ちやすい。これは明らかに間違いである。米軍が誇るこのような爆撃命中精度が高いと言われる爆弾でも、「円形半数必中径」は数メートルから十数メートルとなっている。最大数十メートルも的を外れるのである。またどんなに命中精度を高めたという爆弾でも、投下時の天候が夜間、ないしは風や雨が強い天

候であった場合、これまた大きく命中精度が狂ってくる。

現代戦争においては、お互いに正規軍どうしが艦船や航空機を持ち出して戦闘を交わす場合には、お互いの敵味方識別装置の発達により、相手が敵か味方か瞬時に見定めることが可能である。しかし、これが空と地、具体的には航空機からトラックや戦車を爆撃する場合、敵味方を瞬時に識別する装置はない。地上目標のどれが敵なのかわからなくなり、「やたらと」攻撃してしまう。この「やたらと」の感情の中に、かつてベトナム戦争であったように、ベトナム人一人の命の重みに対する人種的偏見が全くないとは言い切れない。ベトナムにおいて一般市民であるベトナムの普通の老人や女性、子供がゲリラであるベトコンではないかという、そのような兵士の猜疑心、その恐れから結果として多くのベトナムの老人、女性、子供は銃弾を撃ち込まれた。同じようなことが、アフガンでも起こっていないか。高高度から視るアフガンの人々を、テロリストであるアルカイダと思い込んでいないか、思い込んで「やたらと」爆弾を投じていないか。欧米人相手の戦争でも、米軍はそれほど「やたらに」爆弾を落とすような、一種滅茶苦茶な攻撃を行うのか——このような疑問が私の心に湧くのである。

「劣化ウラン弾」のアフガニスタンにおける使用については、これまでのところ確実な報道はない。しかし、貫通力が格段に大きい「劣化ウラン弾」は米軍において、対戦車攻撃を行う際の基本的な砲弾となっている。米陸軍や海兵隊の対戦車ヘリコプターや空軍の戦闘機、対地攻撃機に装備されている二〇ミリ、三〇ミリ機関砲の弾丸の多くは「劣化ウラン弾」を使用している。このようなことから考えて、アフガンにおいても「劣化ウラン弾」は必ず使用されていると、私は考えている。「劣化ウラン」は高密度の金属として、高い硬度の、従って貫通力の強い砲弾を作るのに有効である。しかし、その恐ろしさは常に低レベルの放射線を発し続けることである。これを扱う兵士にも、撃ち込まれた戦場から何百キロも離れたところで呼吸し水を飲む非戦闘員の一般住民、さらにはまだ生まれていない命にもガンや奇形を生じさせる可能性がある。

湾岸戦争終結後、一ヵ月を経過した一九九一年四月、英国原子力公社（UKAEA）は秘密報告書を作成した。その内容は同年一一月に『インディペンデント』紙が報じて明らかになったが、「劣化ウラン弾」から生じた放射性の残滓はイラクにおよそ四〇万トンあり、これら残滓の拡散、飲料水や食物連鎖により、人間の体内に入り、今後五〇万人以上の死者が出る可能性があるとされた。

また「劣化ウラン弾」は標的となった人間を殺し、長く低レベルの放射線を発生し続けて、多くの人間の生命を危険にさらし続けるのみでなく、そもそも「劣化ウラン弾」を扱う自軍の兵士にも有害な作用を与え続けている。「劣化ウラン弾」の開発、試験、生産、貯蔵、移転、そして実際に「劣化ウラン弾」が爆発した戦場に、民間人や米軍兵士が身を晒してきている。米国の『FAIR』という雑誌の記者、ローラ・フランダースが一九九四年に発表した米国復員軍人局の報告書によれば、ミシシッピー在住の湾岸戦争帰還兵二五一家族を州全域にわたり調査したところ、家族の湾岸戦争後の妊娠、出産の六七%に、目に重い先天性障害、目や耳に奇形を生じたり、血液感染症、呼吸器障害が発生することが確認されたという。

「生物毒素兵器禁止条約」は一九七二年に採択され、現在一四〇ヵ国以上が批准している。この条約はあらゆる生物兵器を禁止しているが、実効性に疑問がある条約である。条約の加盟国が果たしてこの条約を守っているか、検証する手段が全く書かれていない。加盟国のうち八ヵ国(中国、イラク、イラン、リビアなど)は生物兵器を現在でも開発していると見られている。ロシアが生物兵器を保有しているのは公然の事実である。

「生物毒素兵器」とは、たとえばこのような兵器である。ボツリヌス毒素一〇ミリグラムを敵側の基地に牛乳を卸す加工工場の牛乳タンクに混入する。このわずか一〇ミリグラムのボツリヌス菌で基地内の人間二万五千人を殺すことができる。「生物毒素兵器」は、同じ量なら核兵器や化学兵器よりはるかに殺傷能力が高い。広島型の核爆弾(TNT火薬一・二五万トン相当の爆発力)一つと、サリン神経ガス(化学兵器と分類される)三〇〇キログラムと、炭疽菌芽胞三〇キログラム(生物毒素兵器と分類される)を、その殺傷能力から比較すると、核爆弾による死者が二万三千人から八万人、サリン神経ガスは六〇人から二〇〇人、炭疽菌は三万人から一〇万人といわれている(US Congress, Office of Technology Assessment, *Proliferation of Weapons of Mass Destruction.*

Assessing the Risk, Washington DC, August, 1993)。

「生物毒素兵器」と「化学兵器」はともに非人道的兵器であるが、その殺傷能力は「生物毒素兵器」のほうが、格段に大きい。さらに「生物毒素兵器」は他の兵器に比べて格段に安い。「米国軍縮・軍備管理庁」の専門家はかつて、「炭疽菌の芽胞をわずか八千個、重さにしてわずか一〇〇万分の一マイクログラム(マイクログラムは、一グラムの一〇〇万分の一)に満たない量を吸い込んだのみでも発症し、五日以内に間違いなく死亡する。サリン神経ガスの場合、致死量は一ミリグラムで、炭疽菌の約一〇万倍の量が必要となる」と述べた。

5　非人道的兵器の廃棄に果たすべき日本の役割

これまで多くの特定通常兵器、いわゆる非人道的なさまざまな兵器について述べてきた。「生物毒素兵器」は究極の「特定通常兵器」の一つであろう。かつて日本は中国との戦争で明らかに細菌兵器、すなわち「生物毒素兵器」の開発、使用を組織的に行った(日本陸軍の七三一部隊、石井部隊は関東軍防疫給水部隊としての表向きの顔の他に、黒龍江省ハルピン郊外に細菌兵器の開発研究所を設け、捕虜を対象にチフスなどの細菌の効果実験を行い、一九四一年の中国湖南省北部の商工業都市である常特への攻撃作戦でペスト菌を植えたノミを空中から散布した)。しかし、現在の日本は、これまで述べてきた特定通常兵器の研究、開発、生産、移転、使用について世界で最も汚れていない国である。国際社会の軍縮・軍備管理に最も積極的といえるスウェーデンでさえも、「対人地雷禁止条約」のオタワ方式の採択に最も努力したカナダでさえも、さまざまな形で「特定通常兵器」を生産するために何らかの技術を輸出している。

概して「特定通常兵器」は予算的に廉価であり、「貧者の核兵器」とも言われる。絶対的に軍事的優位にある、すなわち核兵器を持つ国に対して、より具体的に言えば、中東諸国のうちの反米的な国やその国の特定の反米集団、そして他の反米的な国々が米国に対抗するために「生物毒素兵器」の開発、使用を試みることは、最も想定しやすい最悪のシナリオである。

軍縮・軍備管理の拡大、充実を唱える国々は多い。しかし、現実に、自分の国から一方的にある兵器を廃棄することは全くない。しかし、相手の国が同じある兵器を廃棄することが保証されるなら、納得して廃棄するのが、軍縮・軍備管理を進める上での絶対的な原則である。そしてそれが「軍縮・軍備管理」交渉の「ゲームの理論」である。

そのために何が必要か、それはその兵器が廃棄されたか否かの「検証」と廃棄に関する「実施措置」を定めた国際条約の存在、「検証」を行い得る国、つまり高い科学技術能力がありながら、非人道的な兵器の開発、使用、移転に関わったことのない国の存在である。日本は非核三原則とともに、武器輸出三原則を有する国である。武器輸出三原則は一九六七年に佐藤栄作内閣時代に打ち出された。①共産圏向けの場合、②国連決議により武器輸出を禁止されている国向けの場合、③国際紛争の当事国、あるいはその恐れのある国向けの場合、これらの国々に日本は武器を輸出しないというものであった。

これらは一九七六年の三木武夫内閣の時代により強化され、

①三原則対象地域については武器の輸出を認めない

②三原則対象地域以外の地域については、憲法及び外国為替管理法の精神にのっとり、武器の輸出を慎む

③武器製造関連設備の輸出については、武器に準じて取り扱うものとする

となった。八三年、中曽根康弘内閣は、武器製造関連技術の開発協力について、米国との次期戦闘機開発のため「武器そのものの対米輸出については従来通り、武器輸出三原則により対処するものとする」としながら、その後米国との武器製造関連技術の関係を深めてきた。しかし、日本は依然として非人道的兵器を作ってはいない。従って依然として、各国に対して非人道兵器の存在について「検証」を行いうる地位にある。

湾岸戦争後、時を置かずして九一年に出版されたフランス人ジャーナリストPierre Salinger記者とEric Laurent記者の共著『Guerre du Golfe—Le Dossier Secret（湾岸戦争——秘密文書）』によれば、サダム・フセインに対する外国協力企業、イラクに対する特定通常兵器型軍需物資供給

企業リストに基づいて、最も多くの企業が協力した国はドイツ、アメリカ、イギリス、フランス、イタリア、スイスと続いている。自国の兵士を砂漠でイラクと戦わせる一方で、イラクに非人道的兵器の部品や技術を提供している国々の醜い姿が浮かぶ。中立国スイスでさえ、赤十字の運動で傷ついた人々を救う一方で、一一ものスイス企業がイラクに対して、ミサイルの設計、各施設用の工具、核施設用の遠心分離機などを供給している。

しかし、日本はわずか一社であり、それも兵器用ではないとも言えるコピー機である。日本は特定通常兵器の削減・使用禁止に声を大にして発言することができる。一方で兵器を売り、一方で軍縮・軍備管理を訴えるダブルスタンダードの国ではない。まずは、ジュネーブで開催された「特定通常兵器使用禁止制限条約」の第二回運用検討会議で設置が決められた「クラスター爆弾の規制を検討する専門家グループ」における日本の積極的な交渉態度のように、アフガン戦争でも指摘された「劣化ウラン弾」の規制に鋭く切り込んで行ってほしい。この非人道的な「特定通常兵器」の規制・削減、そして廃絶という分野で日本が貢献すること、それは大きな尊敬を国際社会の人々から得て、さらにはこれら非人道的な「特定通常兵器」により傷つき亡くなった人々に日本が捧げることができる、最も大きなものである。

6　人間の心の「人道」とは何か

人はよく「人道」という言葉から「人間愛」、そして「人類愛」ということを考える。それは、広く人間すべてを人間らしく扱い、そしてみな同じ人類として遇するべきだという考えである。

私自身は既にそのような考えは持っていない。たとえば九二年のコソボ紛争で「民族浄化」――すなわちセルビア共和国のコソボ自治区においてセルビアの武装集団がアルバニア系住民を虐殺するという残虐な行為に対して、米国を中心とするＮＡＴＯ軍（北大西洋条約機構軍）が行った「人道的介入」という行為が、結局は武力による介入であったように、誤解をおそれずに言えば、甘い幻想は持てないのである。

そして、〇一年からこれまで、「国際的人道活動」を実際に担保する国際法、「国際人道法」の教育・研究に携わり、アンリ・デュナンが創設した世界最大ともいえる非政府組織としての国際人道救援・救護の国際団体、赤十字国際委員会（ＩＣＲＣ）、国際赤十字・赤新月社の直面する政治と経済を見つめてきた者としては、「人道」が人間の心の中に確固としてあるものであり、この人間の道徳、倫理観のみに赤十字が基盤をおいているとは思えないのである。

しかし、それでも人間の心、その心の中の人道とは、と考えることは無駄ではない。そして人間の深層心理には強く、同じ人間を殺傷することに抵抗感を有していることは確かなのである。そしてこのことは戦争における兵士の行動にも見られることである。

仏教で教えられる基本の倫理として「慈悲」がある。「慈」は他者に対して「楽」を与えること。そして「悲」とは他者の苦しみをぬいてやること（抜苦）を意味する。「慈悲」は特定のものに向けられた愛ではなく、すべての生けるものを無条件にいつくしむことであり、他者の苦しみを自らの苦しみとすること、と説かれる。

一方、キリスト教では、特にプロテスタントにおいて「慈悲」とは神から与えられるものである。つまり神を信じる者には、「神の力」と「慈悲」ゆえに、神とそれを信じる者との正しい関係が成立するとされる。これはキリスト教（旧教カトリック）の「義認」(Justification　一種の正統性という感触を感じる概念である）の教義から由来していると思われる。罪によってゆがめられ断絶した神と信仰者がその関係を正されること、とされるのである。このような正しい関係は、信者が何がしかの行為をしたために「義認」されるのでなく、「神の力」と「慈悲」があったからこそ、神と信者の関係が正されるとされるのである。

後に述べるがスイスで創設された赤十字には、この「正しい関係」、ひとつの「契約」という形式が極めて重要な意義として、その思想の根底にある。しかし、そればかりに固執することは、世界秩序が混沌と混じりあう現代の国際社会の中で、人道活動の実施に却って阻害要因となってきている。

キリスト教世界に垣間見られる「人道」に関わる考えには、仏教の「慈悲」とは異なるものがある。それは神と、その信者との正しい「契約」という考えである。「契約」が守られることが義、つまり「正義」であり、神の義務は信者を守ることであり、信者は神を信じることによって神の力と「慈悲」によって守られるのである。

一方で、仏教には「この心、心に非ず」という言葉がある。つまり自分の心を中心とするのでなく、相手の心を心として生きる。いっさいの人々と同体であるという自覚に生きることが「慈悲」であるとされる。私としてはこの仏教の「慈悲」の思想のほうが赤十字の人道思想に近いように思えるときもある。融通無碍《むげ》の方が、時に「人道」を法的な契約関係として捉えるよりも、有効に人道活動を行えるときがあるということである。

イスラム教では「慈悲」はどのように説かれるのだろうか。イスラム教における根本的考えは、アッラー（イスラム教の教典コーランにおける神）が唯一の神であることを信じることとされる。つまり、複数の神々や、何かに神性が宿ると信じることは禁じられる。イスラム教によれば神は「慈悲」からあらゆるものを創造し、それら創造したものにそれぞれの固有の性質を与え、法がそれを支配するようにしたとされる。つまり神のもとに秩序が生まれ、この神が支配する自然の中には、混乱や破壊は存在せず、そのことこそがまた神の存在の証であるとされる。ここに見られる思想は神が「慈悲」により万物を創造し、そして秩序づけるのであるという考えである。ここには、イスラム原理主義とは言わないが、秩序と慈悲はイスラムの教典にすべての人々が従うときに生まれるのだとの考えが、潜んでいるとも言えないだろうか。

いずれにしろ、このように古くからの三大宗教の概念、思想の中に「慈悲」という言葉は存在していた。キリスト教、イスラム教では、神からの信者に与えられる、ないしは信者との正しい関係を示すものが「慈悲」であり、仏教においては他者の苦しみを抜いてやり、楽を与える意味での「慈悲」であった。

赤十字思想、すなわち「人道」の実践とは、戦争においても敵味方の差別なく、傷病兵には救護の手を差し伸べることとされる。イタリア統一戦争の激戦、一八五九年の「ソルフェリーノの戦い」の実情を目にしたスイス人の実業家アンリ・デュナンの心の中に仏教思想があったとは思われない。むしろプロテスタントを信じるキリスト教徒としての、「このように人間を扱うことは、同じ人間として座視し無視すべきでない」という博愛的精神の発露が大きく彼の心を占めていったと考える方が納得できる。

歴史的に見れば、「博愛」、すなわち善や真理の根拠を神ではなく、理性的な人間の中に見出そうとしたのが、ルネッサンスの特質のひとつである「人文主義」である。しかし、ここで留意しなければならないことがある。この「理性的な人間」とは、西欧的価値観に基づく「理性的な人間」である。広く人類一般、アジア、アフリカの人間は「人文主義」において「理性的な人間」とは見なされなかったことである。さらに一九世紀から二〇世紀初頭に見られる「博愛主義」も、政治の世界という構図から見れば、皇帝などの政治的支配者が貧しき人民に示す「慈愛」の発露、露骨に表現すれば「憐れみ」、「憐憫の情」というものにすぎないところがある。恐らく、「慈悲」が「博愛」へ、そして「人道」へと人々の心の中や、世界の歴史の中で発展していったと考えるのは、幻想にすぎない。

ないしは、人間はもともと善なる者であって、その善なる者の日常の平和な生活の中で次第に広く人類愛が育っていったというのも幻想にすぎないと私は考える。

言いかえれば、「人道」と、その対極にある人間を殺戮しあう「戦争」は分かちがたく存在するものなのである。それゆえにこそ「人道」思想は「ソルフェリーノの戦い」の中で生まれ、そしてその後の数々の「戦争」の中でより強く、具体的になっていったのである。

二〇世紀は戦争の世紀と言いかえることができる。皇帝が支配し、その下で農奴が生活に困窮していたロシア、王が絶対的な支配権を振るったフランスなどでは、そのような時代、国家における戦争は兵士を含めて、ごく一部の職業軍人たちの戦争であった。それが国民国家、ないしは民族国家になったとき、スイス人のアンリ・デュナンがその悲惨さに胸を突かれた「ソルフェリーノの戦い」も、分裂していたイタリアの民族国家、国民国家誕生に際しての戦争だったように、一般民衆が兵士となって殺戮の現場に立たされるようになった。「人道」の思想は、一般民衆が戦争に際して兵士として殺戮・暴力の衝突の現場である戦争に直面する中で、自らの救いのため、自らと同じ人間を殺戮するという中で生まれるべくして生まれた「思想」、「人間性の倫理」と考えるべきである。

7　兵士の精神的被害

第二次世界大戦中、米陸軍准将S・L・A・マーシャルは平均的な兵士の戦闘中の行動について調査を行った。その結果戦意に燃えて戦っていると考えていた兵士たちの行動から思いがけないことが分かった。敵との遭遇戦において、前線に並ぶ兵士一〇〇人のうち、平均してわずか一五人から二〇人しか「自分の銃器から発砲していなかった」のである。

しかも、その割合は戦闘が一日じゅう続こうが、二日三日と続こうが常に一定だったのである。マーシャルは第二次世界大戦中、太平洋戦域の米国陸軍所属の歴史学者であり、のちにはヨーロッパ戦域で米国政府所属の歴史学者として活躍した。マーシャルは歴史学者たちからなるチームを作り、面接方式により、日本軍、ドイツ軍との接近戦に参加した四〇〇個以上の歩兵中隊を対象に何万人にも及ぶ兵士に面接調査を行い、第二次世界大戦の戦闘では米国の歩兵はわずか一五%

から二〇％程度の割合の者しか敵に向かって発砲していないことを明らかにした。誤解してはならないことは、発砲していない兵士が臆病で前線から逃れたのでなく、戦友を救出したり、武器弾薬の輸送に従事したり、伝令兵となったり、ある意味、発砲する兵士より危険度が高い任務をこなしていることである。敵、つまり同じ人間に向かって殺戮に直結する発砲を直接的に行うことに積極的でなかったということである。日本軍のバンザイ突撃に直面しても発砲していない兵士が多くいたのである。

なぜそうなのか、問題は複雑そうに見えるが、マーシャルは簡潔な要因を示唆している。つまり「ほとんどの人間の内部の心には、同類たる人間を殺すことに強烈な抵抗感が存在する」という単純にして明快な事実である。

もちろん適切な条件と環境を整えれば「戦闘になればだれだって人を殺す。特に相手が敵で自分を殺そうとする者たちなら」と言える。たとえば実際に焼夷弾に何万人もの一般住民が焼け死んでいく絨毯爆撃に米国の爆撃の搭乗員達は抵抗感少なく赴き、任務を果たした。その要因の一つは「距離の問題」である。接近戦でなければないほど、つまり砲兵や爆撃手の方が大量に人間を殺傷するにも拘わらず、その抵抗感は少ないのである。

いずれにしろ、「同種の人間を殺戮することへの強烈な抵抗感」――それはいつの時代の戦争にも存在した。ましてや中南米の多くの現代戦で見られたことだが、たとえばニカラグアのサンディニスタ（民族解放戦線）の支配地域において女性や子供を殺戮せよと命じられた傭兵（兵士として敵を殺傷することの対価として給与を得る、言わば戦争のプロ）エデン・バストラが書いている。

『女を殺したらサンディニスタ兵士を一人殺したことになる。子供を殺したらサンディニスタ兵士一人を殺したことになる』と政府軍の幹部から命じられた傭兵たちも、実際の射撃命令が下ったら、ＲＰＧロケット砲を空に向け、Ｍ60（機関銃）やＦＡＬ（軽機関銃）の連射の音は響き渡ったが、誰一人として女性や子供に命中させようとはしなかった」と。

このような例を考えてみると、ますます「戦争」と「人道」が分かちがたく存在していると私は感じるのである。「殺せ」と命じられた兵士たちは、同じ「殺せ」と命じられた、同じ地平に並ぶ同種の人間である「兵士」たちを殺戮することに、強い抵抗感を抱くのである。このような抵抗感は皇帝や王、政治的支配者、司令官が敵方の兵士たちに示した「慈悲」や「博愛」とは別のものであろう。「情け」や「憐れみ」とも異なる、より人間という「生き者」の根源に根差すものであったと考えられる。

つまり、国家と国家、ないしは国家とゲリラと言われる武装集団との暴力の衝突として、人間の殺戮によって、最終的なそれぞれの国家意思貫徹を図る伝統的戦争形態においても、兵士の精神、心の深層には「敵に殺される」という恐怖を乗り越えるより、さらに大きく乗り越えなければならない恐怖（自らの良心に逆らう性質を伴うものとして）として、「同じ人間を殺戮する」という「恐怖」が重くのしかかるものなのである。

国家は戦争のコストを、国家予算としてかかる戦費、経済活動・生産活動の低下、労働人口でもある国民を兵士として徴用する代替要員の確保、死傷する兵士としての損失量などで評価・考量しなければならない。個々の人間の苦しみ、悲しみなどという観点からは評価・考量などはしないのである。しかし、人間を中心に考えるとき、戦争でもっとも高くつく損失、損害はつねに人間の精神的損害、言わば心の問題なのでもある。

「ストップ・ロス」という軍隊用語がある。十分な兵員を確保できないため、その損失を埋めるために兵役期間が終わった兵員を再度、召集して戦地に送り込むことを言う。つまり、戦争が泥沼化して長引けば長引くほど精神的戦争犠牲者が増大し、本来除隊すべき者を再度兵役に就かせ戦地に送らなければならない状況になると、この「ストップ・ロス」が増加し続けるという悪循環に陥る。

イラク戦争においては、二〇〇八年末の状況で、この「ストップ・ロス」のため再召集された兵員が八万一〇〇〇人に上っている。今世紀に入ってから米兵が戦ってきた戦争では、精神的戦闘犠牲者になる確率、つまり軍隊活動のストレスが原因で一定期間心身の衰弱を経験する確率は、敵の銃火によって殺される確率より常に高かった。第二次世界大戦中、精神的な理由で軍務不適格（F4と呼称された）と分類された者は八〇万人に上った。このようにあらかじめ軍務不適格者を除いても、第二次世界大戦中、米軍は戦闘中においても精神的戦闘不適格者が生じ、その数は五〇万四〇〇〇人の兵員数の欠員を生じさせた。約五〇個師団を失ったことと同じである。

戦意が極めて高いとされるイスラエル（イスラエルでは一八歳になると男性三年、女性二年の兵役がある）において、建国史上初めてアラブ側（エジプト、シリア）からの奇襲をイスラエルの最も重要な宗教的な日（一〇月六日のキプール、大贖罪の日）に受け、当初三〇〇〇名の死傷者を出した。第四次中東戦争である。この戦争においても右犠牲者の三分の一は精神的な理由によるものであり、その事情はアラブ側でも同じであり、わずか二〇日間の戦争であったのに拘わらず八三七二名もの戦争捕虜をエジプト軍は生じさせている。

このように現代戦においては精神的戦闘犠牲者が数多く生じる。そして同じ兵員を、長く戦線の戦闘状態の中に長期間置くことは不可能となっている。前述のマーシャルの研究・調査によれば、戦闘が六日間ぶっ通しで続くと全生存兵の九八％が何らかの精神的被害を受けている。第一次世界大戦の英国軍は、兵士が確実に精神的戦闘犠牲者になるまでは数百日かかると考えていた。しかし、英軍は約一二日間戦ったら四日間の休暇を与えて戦闘から外すという交替制をとっていたから、数百日も戦闘に耐えうるとしていたのである。これに対して第二次世界大戦の米軍は、最高で八〇日間連続して戦場にとどめるという方式をとっていたため、多くの精神的戦闘犠牲者を生みだしたのである。

一般的には兵士が現代戦の戦場において、連続しての戦闘に耐えうる限度は二五日から三〇日程度と推測されている。この日数を超えるころになると兵士は、何事にも過剰に反応して戦闘疲弊といわれる状況に入る。「戦闘疲弊」が一五日以上連続して続くと、兵士は「精神的疲弊」の段階、すなわち精神的戦闘犠牲者の状況に陥る兵士が出てくる。これは現代戦にしか見られない状況である。一九世紀末までの戦闘は、何年も続く攻城戦や都市の包囲戦の場合でも、戦闘から外れる期間は非常に長かった。また小銃や火砲、戦術が未熟だったため、一人の兵士が数時間以上も続けて、実際に戦闘の危険にさらされることは少なかった。戦時には敵の人間を殺戮しなければいけないという大きな精神的重圧、自らが殺戮されるという大きな恐怖、戦友への情、上官からの命令という圧力などに耐えられなくなる精神的戦闘犠牲者は必ず出るものだが、物理的、戦術的、兵站的能力が過去の戦争に比べてはるかに高くなり、人間の精神的許容量を完全に超えるような長期の戦闘が可能となったのは二〇世紀に入ってからであり、そのような状況の中で、同種の人間を殺すという、「人道」の問題が、人間の精神の問題として、そして殺戮行為の戦闘の中で、取り上げるべき問題として、戦争を行う国家の前に、その存在を増してくるのである。

8　国際関係から「人道」を見れば――アメリカ、ヨーロッパ、日本

大きく国際関係を考えてみよう。ソ連邦崩壊後の圧倒的軍事大国はアメリカとなった。一方でアメリカがその圧倒的な力、特に軍事力を行使する場合は外に向かっては傲慢さを、内に向かっては思慮深さを示さなければならなかった。しかし、実際にはキューバ、ベトナム、そしてアフガニスタン、イラクと、アメリカは「敵の敵は味方」というパラドックスに陥っていた。

そして九・一一テロ攻撃は、テロリズムとテクノロジー社会が結びついたことにより、アメリカ本土をかつての戦争において敵から遠ざけてきた地理的な距離を全く無意味にしてしまった。このテロ攻撃の後、アメリカにとって何が最も重要で、何か道義的に正当なのかということに大きな混乱が起きてしまう。

二〇〇年前にはイエメンという中東の小国は、米海軍の燃料補給港という役割以外、ワシントンにとって重要な国ではなかった。それが、米軍艦ＵＳＳコールがテロ攻撃を受け、ウサマ・ビンラディンの一族の祖国がイエメンであることが分かり、様相が全く変わってしまった。

オバマ大統領が軍事戦略の上で最重要と位置付けるアフガニスタン戦争も過去のアメリカの対応が戦争終結を全く不可能にしている。アフガニスタンに二〇年続いた内乱においてその統治シ

ステムが粉々になっていなければ、もしアメリカが、アフガニスタンへのソ連侵攻に際して支援した反ソ勢力を見捨てていなければ、タリバンやアルカイダの拠点にアフガニスタンがなることはなかった。

アメリカは反ソ勢力の武装集団を見境なく支援した。そして、ソ連が撤退した後の彼ら武装勢力間の調停や、平和への努力を怠った。その結果、アメリカは自らが支援した彼らと一〇年後に反テロ戦争を戦うこととなった。ウサマ・ビンラディンは、かつてアメリカの支援を受けたイスラム戦士（ムジャヒディン）の一人であった。

アメリカの圧倒的な力と、表裏一体の脆弱性が露見しているのはイラクやアフガニスタンのみではない。米海軍の戦略担当者がスエズ運河一帯を見回してみたら、米軍艦船に安全であるべき燃料補給基地――スーダン、ソマリア、ジブチ、エリトリア、イエメンのすべてが、補給基地そのもののみならず、その国の統治の崩壊に伴って海域全体が危険地帯となっていることに茫然とするであろう。

つまり、一九九一年一二月のソ連邦崩壊によりアメリカは冷戦に勝利した。しかし、それは一方でアメリカに、その後の世界秩序を安易に維持できるという誤解、欠如をもたらしたのである。新たな軍事同盟、新たな国際協力の枠組み、新たな開発援助機構などを導入することなしに、世界を統治できるとアメリカは考えたのである。

それに加えて、一九世紀に「人道」の思想を生みだした欧州は大きく変化していた。第二次世界大戦後、一九六七年七月一日に発足したヨーロッパ共同体（EC）がより共通の欧州全体の利益と安全保障を求めて、一九九三年一一月一日に発足したヨーロッパ連合（EU）に大きく変貌を遂げる中で、半世紀近くにわたって欧州は、安全保障をアメリカに頼りつつ、経済力や「人権」、「人道」の思想を拡大することで、自らもそして世界全体も良くなるものと信じてきた。

一八七〇年にビスマルクがセダンの戦いでフランスを破って以来、常に国家としての力とアイデンティティを軍事力と同一視してきたドイツは、ヒットラーの蛮行に恥じ入り、戦後の国家威信やアイデンティティから軍事的な要素を一掃し、海外派兵を憲法によって原則として禁じるまでになった（因みにドイツが加盟国となっている軍事同盟、北大西洋条約機構NATOにおける集団的自衛権行使の場合は、議会の過半数の同意が必要として派兵可能となっている）。

軍国主義的な国歌「ラ・マルセイエーズ」を歌い、世界初の国民皆兵制を導入し、軍隊を作りあげたフランスは、九〇年代には徴兵制を廃止し、国防費をGNPの二％まで切り下げてしまった。少なくとも二七ヵ国にも上るほとんどの欧州諸国では、欧州統合が進む過程でナショナル・アイデンティティにおける英雄的、軍事的な要素が占める割合を減少させてきた。これらはアメリカとの間に大きなギャップを生んだ。一方でアメリカは大国のなかでも依然として「国旗」、「自己犠牲」、そして「戦うことの名誉」が国民文化とナショナル・アイデンティティの中心的な要素となっている国である。かつて「戦士の名誉」という考えそのものを生み出し、「人道」思想の赤十字をも生み出した欧州は、アメリカが「戦うことの名誉」や国際政治の中で「軍事力」の重要性を強調することに、冷戦崩壊後、ある違和感、ないしは自らとは異なる好戦的な国家と考えた。一方でアメリカは欧州が敗北主義者であり、理念先行のお行儀のよい国と見る考えが多かった。九〇年代を通じてこれらの違和感、ギャップは無害な文化的相違、価値観の相違にとどまっていたが、九・一一テロ後、重要な意味合いを帯びてきた。欧州の軍事的弱体化は自らの安全保障の不安に跳ね返ってきた。そしてアメリカが欧州の軍事力をあてにせず、国際協調よりは単独かつ先行的に軍事力の行使に走る姿をはっきりと突きつけられたのである。第二次世界大戦で自分たちを守ってくれたアメリカが、危機的状態の中では欧州諸国を軽んじ、疑っていることを欧州は、このとき思い知ったのである。

フロリダのアメリカ中央軍(セントコム)に到着した北大西洋条約機構(NATO)の連絡将校は、ウサマ・ビンラディンとの戦争が実際に指揮されている作戦司令室へのアクセスを断られるという屈辱を耐えしのんだ。アメリカはNATOの同盟軍をあまり信用せず、二次的な治安活動的役割しか期待していなかった。これは旧ユーゴ紛争でも、旧ユーゴであるセルビア共和国のコソボ紛争でも同じようなものだった。

けれども、次第に明らかになったようにアメリカという大国でも、やはり欧州の外交的、経済的、財政的協力なしには世界秩序を構築する大国としての機能を発揮できないのである。アメリカも正当性を必要とし、国際社会の支持はその正当性への強力な補完であり、時には軍事的な強烈な意図の隠れ蓑になってくれる。つまり本音ではアメリカは望んでいなくても、欧州の支持はアメリカの目指す外交、秩序構築、自由と民主化の実現という大義名分に不可欠なものとなりつつある。バルカン諸国において、東ティモールにおいて、イラクにおいて、そしてアフガニスタンにおいても、これら地域の復興、機能するガバナンスの確保には人道復興支援、人権擁護を掲げる欧州諸国の支持は必要なのである。軍事的パワーはワシントンを先頭にある程度共同で行使され、ロンドン、パリ、ベルリン、そして東京がそれぞれの許容できる程度にワシントンについてゆくという構図ができあがりつつある。

アメリカは少なくとも理念においては「民主主義」、「人権」、「法の下での平等」を目指していると謳う。アメリカ国民が独立当初目指したのは、そのような理想を持つピューリタンの意欲であった。皮肉なことに現在のアメリカに従っていく欧州各国や日本はかつて帝国主義的な国家であった。そして、理念や外交の面でこれら各国は「人権」や「法の下での平等」を成熟した国家として目指しつつ、新たな帝国（エンパイア）であるアメリカに従うことにより、軍事力の突出、アメリカの独断専行を緩和させることに努めざるを得ない（日米同盟を軍事的に強化しようとする日本は幾分か異なる状況にあるが）のである。より具体的に言えば、本質的な政策、軍事力の行使はアメリカが担う。アメリカは時に無慈悲に単独で行動したいときには単独で（戦争犯罪、非人道的行為等を裁く国際刑事裁判所への非加入、京都議定書からの離脱等）、多国間外交・協力を、使いたいときには使う（世界銀行、国際通貨基金ＩＭＦへの支配力行使）という、新たな分業体制が形成されつつある。アメリカが戦い、カナダ、フランス、イギリス、ドイツが辺境の治安維持活動に協力し、オランダ、スイス、スカンジナビア等の北欧諸国が人道援助を担当するという構図が出来上がっているのである。日本はどちらかといえば、前者のアメリカの軍事活動の辺境ないしは、後方支援を行うという方向性を現状では取っており、人道援助を積極的に行っている国とは見られていないというのが実情なのである。

このようなアメリカと欧州諸国、日本をめぐる国際的人道活動の構図は新たな問題を生み出している。つまり、アメリカをはじめとする西側諸国が、国際社会の安定と安全確保のための国家秩序の再構築を担うとともに、戦争や武力紛争で疲弊した社会の救援、再建に人道的に取り組むということを意味する。しかし、人道活動とはそもそも「人間性」に根差した「倫理」、「道義」を中心に据え、苦痛に喘ぐ人々を中立、公平に救うということを、その活動の中心原則とするものであり、アメリカや西側諸国の思惑、政治的・外交的駆け引きの道具となってはならないし、ましてや政策的意図の実現という目的達成のために行われるものであってはならないのである。

しかし、国連本体も、国連の専門機関である難民救援の中心となる国連難民高等弁務官事務所（U

ＮＨＣＲ）も、世界の保健・衛生を担う世界保健機関（ＷＨＯ）も、さらには赤十字国際委員会（ＩＣＲＣ）も、そのスタッフも活動資金も大きくアメリカや西側諸国に依存している。これら国際機関は、そのような中でも出資国の政治的意図とは関係なく、必要性に応じてのみ自由に人道支援活動を行うべく必死に努力している。

しかし、人道支援活動そのものが、これらアメリカをはじめとする国々が国際紛争（武力紛争等）に対処するプロセスの中に組み込まれて行く。つまり、まず、アメリカが中心とする軍が、地上の混乱を収束させ、治安と安全をある程度確保する。その後、人道的機関が活動を開始する。ボスニアでも、コソボでも、イラクでも、そしてアフガニスタンでも、この構図は変わっていない。一方でロシアのチェチェン紛争、中国のチベット自治区、新疆ウイグル自治区などにおける人道活動は成立していない。これらは内政問題であり、そもそもアメリカが対テロ戦争で曲がりなりにもロシアや中国の協力を得ている中で、その軍事力をこれらチェチェンや新疆ウイグル自治区などで、人道機関の活動の安全のために使うというパワー・ポリティクスは成立しないのである。

9　国際人道救援・援助活動の複雑な現場――Cooperation から Coordination へ

戦争や大規模自然災害において、死亡者や傷病者が増加するのは避けることができない現実である。一方で現代の国際社会には、崩壊した国家——国家のまっとうな機能が働かず、結果として住民の多くが一日一ドル以下でくらすような状況におかれている国や、地域も多く存在する。たとえばアフリカのサハラ砂漠以南のサブ・サハラのほとんどの国々では平均寿命が四〇歳に満たないような状況にある。もし、このような国々で、大規模な自然災害が起きたらどうなるか。多くの人々が脆弱な社会基盤の中で、先進諸国に同じような自然災害が起きた際の数百倍に上る被害に遭遇する。そこから人命を救い、より力づよい社会、復興を成し遂げられるよう、現地の人々とも協力し、数々の国際援助機関、NGOとも協力（Cooperation）、協調（Coordination）を高め、人々を救済することも、現在の大きな「人道」活動の目的であり、各国に一八六社ある赤十字社・赤新月社の連合体、国際赤十字・赤新月社連盟（IFRC）の最も重要な使命とされる。

このIFRCの会長に、歴史上初めて日本人の会長として、日本赤十字社の近衛忠煇社長が二〇〇九年一一月に選出されたことは特筆されるべきであろう。日本において一八八八年（明治二一年）七月一五日に福島県の会津磐梯山が大噴火した。その際に生じた湖沼群が五色沼等であることはあまり知られていないが、いずれにしろ、巨大な爆風と大量の土石が甚大な被害を周辺の村落の人々に与え、四七七名もの命が失われた。このとき、西南戦争時に発足した、日本版赤十字「博愛社」を発祥とする日本赤十字社は、多くの医療職を有する人道団体として、大きな貢献となる災害救護活動に従事した。日本赤十字社は他の国々の赤十字社と異なり（日本人から見れば赤十字の標章は病院を思い浮かべるのが普通だが、他の国々においてはボランティア活動であり、その際にその国の赤十字の下にはせ参じて人命救護等に従事する一般病院の医療職や献血事業の団体のイメージであり、その方が国際的には一般的である）、九二もの病院施設を有し、五万人のスタッフの八〇％近くが医療職となる、世界的にみて医療職を常時抱える特異な、そして大きなヒューマンパワーをもつ赤十字社である。

いずれにしろ、現代社会においては、戦争、武力紛争時における戦争犠牲者、戦争避難民、行方不明者、そして敵方に拘留された戦争捕虜の人道的待遇、さらには一般住民、文化施設等、報道関係者の保護を徹底することも、大きな人道活動であり、「人道」の概念の下、そもそもの赤十字発祥からの使命であるが、大きな自然災害等における被災者救護も世界的な人道問題として捉えられており、特に日本のような国にとっては大きな使命となっている。

普通に考えれば、戦争等によって基礎的保健医療の欠如した国、地域、大規模自然災害によって多くの避難民が生じた国、地域では、すべての事柄が以前より悪化すると考えるが、それは違うのである。

ミクロ的な視点に立てば、たとえば伝染性疾病に関するデータなどは異なる傾向もみられるのである。たとえば、九八年に最も大きな内戦が生じ、一〇年間も武力紛争が続き、一つの国コンゴ（旧ザイール）がコンゴ共和国、コンゴ民主共和国に分裂したコンゴ紛争である。内戦が始まる前の九七年には、「はしか」の予防接種を受ける子供はわずか二〇％であった。しかし内戦が始まりあらゆる国際的援助機関・団体がコンゴに集中し、難民キャンプにおいて積極的に「はしか」のワクチン接種を行った結果、〇七年までにはコンゴの子供の「はしか」ワクチン接種率は八〇％に上昇した。栄養対策、蚊を媒体とする伝染性疾病対策としての蚊帳《かや》の配布といった分野においても、コンゴの状況は劇的に改善されたのである。このような調査を行ったカナダのサイモン・フレーザー大学のアンドルー・マック教授は「こうした多くの難民キャンプで、多くの場合、紛争前より死亡率が大きく改善されている」と述べている。

このことを、どのように解すればよいのか。

つまり、こういうことである。武力紛争で多くの戦争避難民を生じさせるような地域、国、同様に大規模自然災害において、先進諸国ではあり得ないほどの大量の被災者を生じさせる国、地域はそもそも、基礎的教育、基礎的保健医療への住民のアクセス確保、緊急事態に対応できる政府・自治体等の統治機構（よきガバナンスとも言えるもの）が決定的に欠如しているか、そもそも施政者にはそのような意識さえなく、全く存在していなかったということである。

10　ハイチ地震からの復興

二〇一〇年一月一四日、ハイチを襲った大地震を考えてみよう。アメリカの雑誌『ニューズウィーク』は「神と運命に見捨てられた国」とハイチ地震に際してのレポートを載せている。カリブ海の小国、ハイチを襲った震災は史上最悪の人道危機になると多くのメディアが報じている。しかし、一方で、長く続いていたハイチの無政府状態から、つまり国際関係について最近とみに言われる言葉で言えば「ガバナンス（Governance よりよき統治）の欠如」から立ち直れるチャンスでもあるのである。

死者の数だけなら、最近の二〇年間ほどで、もっとひどい震災はあった。一九七六年の中国唐山地震、二〇〇四年のスマトラ島沖地震による死者は二〇万人以上にのぼった。ハイチ地震の特色は、その統治機能がそもそもよく機能していなかったハイチの首都、ポルトープランスが襲われたことである。そこにはハイチの人口九〇〇万人のうちの三分の一、三〇〇万人もの人々が住んでいた。このような首都直撃の地震は、一九二三年の東京地域を襲った関東大震災がある。そのとき東京を中心として一〇万人以上が死亡し、二〇〇万人が住む家を失った。しかし、驚異的なのはその復興の早さであり、近代都市として首都東京を生まれ変わらせたことである。当時の歴史学者ジョン・ウィジントンは「数日もすると、被災を逃れた会社や商店が商売を再開した」と記している。

しかし、ハイチは違う。ハイチは、中央アメリカの西インド諸島イスパニョーラ等の西部に位置する、人口九〇〇万の小国である。フランスの支配を受けた歴史から、ラテンアメリカ諸国の主要な公用語スペイン語とは隔離されている。一八〇四年にラテンアメリカで初めて独立した共和国でありながら、そして黒人による世界初の共和国でもありながら、混乱と紛争の中にハイチの人々は置かれ続けた。

大地震により、すべての機能が失われた。救援活動、たとえば倒壊した瓦礫の中から七二時間以内(人が水分等なしで生存できると考えられる限界)に埋もれた人々を救おうとしているのも、アメリカや世界各国の救助隊、赤十字に代表される人道援助機関の者たちである。この大震災の前から、ハイチは国家として破綻(政府はハイチの人々に安寧と生命と財産が保障される生活を与える意思もなければ、その政府を人々は何とかしようとも思わない)していたが、地震のあとは、その形骸化した国家さえ存在しないも同然の状態となった。『ニューズウィーク』誌によれば、「神と運命に見捨てられた国」となった。

ハイチ大地震が世界に与えた衝撃は、日本で我々が感じている以上に大きい。世界にこれほど衝撃を与えた自然災害は類を見ない。しかし、この惨事がハイチに長年続いた無政府状態を断ち切り、自らの国を希望ある国としうるまたとないチャンスであることも確かなのである。つまり、「人道」という理念の下に一五〇年の長きにわたって赤十字が行ってきた「人道活動」に対する、批判的な見解を持っている者が言う「原因（戦争等）を断ち切る運動をしないで、その場しのぎの救援・救護を行っているにすぎない」という言葉に、大きな反証を与えることができる。現在の人道救護・救援活動は未来を見据える。この惨状から人々が立ち直っていくこと、つまり持続的開発・発展（Sustainable Development）を見据えているのであると。そしてそれは人道の公平、中立の概念に根付いたものであるならば、アメリカのためでもない、中国のためでもない、ましては日本人の利益のためでもない、そこに生きる人々のためのものであるべきなのである。

天災による首都破壊のすさまじさという意味では、歴史上の例でも一七五五年一一月一日のポルトガル、リスボン大地震もある。磐梯山の大爆発が当時の明治の人々に大きな衝撃を与え、日本赤十字社に戦時救護のみならず、自然災害に対する救護の価値付けを大きくしたように、このリスボン大地震は当時の欧州に大きな衝撃を与えるに止まらず、思想上の大きな変革さえ及ぼしたのである。一日の午前九時二〇分、西ヨーロッパの広い範囲で大きな揺れがあった。特にポルトガルのリスボンにおける地震の規模と被害の大きさは際立っていた。津波による死者一万人を含んで、このモーメントマグニチュード八・五の地震により五万五〇〇〇人から六万二〇〇〇人が死亡したといわれる。リスボンは地震による津波と火災により完全に破壊された。この地震によりポルトガル経済は大打撃をうけ海外植民地拡大政策は終焉に向かい、そしてポルトガルの衰退が始まったとする歴史家もいる。

このリスボン大地震は啓蒙思想が覆っていた当時のヨーロッパの思想家たちにも、大きな影響を与え、価値観の転換を迫った。思想家ヴォルテールは小説『カンディード』でリスボン大地震を描き、当時流布していた楽天的な風潮に疑問を投げかけ、「都市は本質的に自然に反する」と主張し、自らも田舎に居を構えることまでした。当時のリスボンは人口二七万人、一六世紀独特の壮麗なマニエリスム様式の宮殿、そしてヨーロッパでも有数の蔵書の質と数を有していたリスボン図書館、すべての建物が倒壊するか火災により喪失した。多くの教会を援助し、海外植民地にキリスト教を宣教してきた敬虔なカトリック国家ポルトガルの首都リスボンが、キリスト教の祭日（諸聖人の日）一一月一日に地震の直撃を受け、多くの教会、聖堂とともに崩壊したことは、当時の神学理論ではあり得るべきことでなく、説明がつかなかったのである。

つまり、当時のヴォルテールが唱えていた「慈悲深い神が監督する、我々の最善の可能性ある世界では、すべての出来事は最善である」という楽天主義に痛烈な反証を与えたのである。これに対して「慈悲深い神の存在と悪や苦痛の存在は矛盾しない」という、ライプニッツらの弁神論を生み出したりするほど、思想史的にも大きな出来事だったのである。目の前に示された現実は、人の思想の転換を迫る。戦争においても、大規模自然災害においてでもある。ここにおいて「人道」を考える場合、その意味するものに変遷があり、具体的な「人道活動」とは何かということも変化することに納得がいく。

いずれにしろ、このリスボン大地震は当時のヨーロッパの哲学的思想・用語にも大きな概念転換をもたらし、「崇高」という概念を科学的に説明しようとする試み、そして確実なるもの、硬い根拠をもつものを大地にたとえて「ground」と呼称する比喩的用語の使用にも疑問が示された。この地震に対する科学的な原因追究、そして復興へ向けての都市計画、耐震性を有する建築物の建設などの過程において、近代地震学、建築学の形成に計り知れない影響を与えた。

翻ってハイチについても、今後の復興、そして大きな目的としての国家としてのハイチの再建に向けて、国際社会において大きな議論が行われている。皮肉なことだが、地震がハイチを襲う前、国際社会はほとんどハイチが民主的で、国民の生活を大切にする国家となっていくことを諦めていた。だが、一月一二日の地震を境に国際社会はハイチの国家再建にどのように関わっていき、国際社会の協力（Cooperation）、国際社会の協調（Coordination）をどのように行っていくのか、盛んな議論や会合、援助支援を実際に行っている。ハイチ復興支援の中心となっている米国国際開発庁（ＵＳＡＩＤ）のアンドルー・ナツィオス元長官は『ニューズウィーク』誌にこう述べている。「病院や道路といったインフラの再建は不可欠だ。しかし、それだけではハイチは再び機能不全に陥るだけだ」と。これは何を意味するのであろう。ハイチ救援の拠点となっている隣国ドミニカ共和国からハイチ国境を超えると風景が一変する。木が一本も見当たらない。被災したハイチの人々がすべて切り倒してしまった。薪として燃料にしたのである。もしそれほどの災害に見舞われたら、被災者はすべてを諦めて呆然自失となる。しかし、ハイチの人々は政府からも国際社会からも見捨てられた中で、驚くほど生き抜くことへの強さを持った。崩れた教会の下に丸一週間埋もれていた老婆は、瓦礫の中から引っ張り出されたとき、歌を歌っていたという。

ハイチ支援に関する限り、米国の対応は早く、軍隊、米国赤十字を始めとする各種の援助団体の動きも早かった。他の国や国際機関、国際赤十字などと、良いパートナーシップを構築して、ハイチの人々がこれ以上の被害を受けることを食い止めることができる可能性が少し出てきている。そして、時間の経過とともに、ある一定の復興がなされるだろう。しかし、瓦礫の山がなくなり、人々が住む場所を得たのみでは、真の復興支援ではない。ハイチの人々が、持続的開発Sustainable Developmentが可能となるシステムが構築されなければいけない。物理的な物資、そして外国人救援要員による救援・救護が重要なのは言うまでもない。しかし、それ以上に大切なのは、社会システムの構築であり、そのシステムをハイチの人々が動かしていけるようになることである。

ノーベル経済学賞受賞者のダグラス・ノースは最近の著書『暴力と社会秩序』の中で、富裕国と貧困国の決定的な違いに触れている。「富や教育、資源も重要だが、本当に大切なのは、あらゆる制度が透明性と法の下に基づく平等性をもって実施されること」であるという。言わば、すべての人々に行きわたる、密度がしっかりした、社会システムの構築である。民主主義における自由とは、すべてが自由放任、運と成り行きに任されることではない。本当の自由とは、「自らの人生を自ら選択できることである」。言い換えるなら「選択の自由」である。二〇〇〇年九月の二一世紀を迎えての初めての国連総会（ミレニアム総会）で、新たな二一世紀に向けての国際社会の目標として「人間の安全保障」が提唱された。日本の緒方貞子氏とインド人のノーベル経済学賞受賞者アマルティア・セン教授を共同議長として三年後に「人間の安全保障」委員会報告書が公表された。その要諦はこれまでの「国家領域を守る安全保障」から個々の人間の人生、生命、尊厳に着目し、人々の命とそして人々が自らの人生を自らの意思に基づき選択できる「選択の自由」である。

ハイチでの例で具体的にいえば、医療、公衆衛生、教育、治安を、国民一人一人が享受できる国家から提供されるサービスとして、法制度や社会システムの中に確実に組み込んでいくことである。そうすれば、まっとうな市場経済システムが構築され、よりよき社会が動き出すのである。

このようなことは、一九世紀のアメリカを旅したフランスの思想家アレクシス・トクヴィルがこう見抜いている。「アメリカはおそらく、世界史を通じてどの社会よりも、こうした（上記のような）制度の密度が高く、それが国の富と安定をもたらすのに役立っている」と。

つまりこうした制度があれば人々は平等に扱われることによって、政府への信頼感を増し、自らの意見・意思を持つための教育を受け、利害の対立を武力ではなく、交渉によって平和的に解決でき、公的機関の責任、透明性を維持しつつ、自らが必要とするサービスを受けられるというわけである。

地震の前のハイチについて世界銀行はこう述べている。「公務員の三〇％は幽霊職員、ある官庁の職員録には一万人の職員名が記載されているが、実際に存在したのはその約半数だった」。米国国際開発庁（ＵＳＡＩＤ）のレポートも同じようなことを述べている。「まともな訓練を受けた人材がいない。実績に基づく人事考課制度がない。雇用や解雇、昇進に関する正規の手続きや明文化された規則がない。すべての運営は著しくトップダウンで、方向性はゼロである」。

次章においては、赤十字のような人道機関の負う使命とは何か、そして結局なにができるのかを述べてみたい。

第３章　現在の人道機関に求められるものは何か

ルワンダ内戦で発生した大量の難民（1994）　©IFRC

1 「国境なき医師団」とは

赤十字の原則として、あまり人々に知られていないことがある。つまり、戦乱の地に人道救援に向かう場合も、大規模自然災害の被災者の人道救援に向かう場合も、現地の政府か、現地の赤十字社、ないしは赤十字国際委員会（ＩＣＲＣ）、国際赤十字・赤新月社連盟（ＩＦＲＣ）の要請（スタッフ・オン・ローン的に、右国際組織の帽子をかぶってその一員として行くことを含む）がなければ、基本的には、自らの意思のみで、現地に乗り込んでいくことはしないということである。

この基本的なありようには、歴史が絡んでいるだろう。赤十字の最初の国際組織、赤十字国際委員会（ＩＣＲＣ）は当時の欧州主要国との条約（国際法）によってその活動を担保された。国際法の主体（能動的にも、受動的にも）は、国際社会において等しく自らの国家を統治できる権利、主権を有するもの、つまり「国家主権」であり、他の「国家」なりが、その統治のあり方や、その国の意向を無視して何かを行うことは他国の「国家主権」への干渉であり、国際法的に言えば「内政干渉」ととるのである。

このような経緯からも、そして現在の国際社会においても、当事国や、当事国の組織を無視して、悪く言えば押しかけの人道救援・救護活動、人道開発協力活動を行うことを慎むのである。

このような態度は、常に中立・公平の原則を遵守しなければならない赤十字の原則と内政干渉的に押しかける人道救助を行った場合の不利益を比較考量して、結果として人道救助を必要とする人々を見棄てることとなる。さらに、現地においてもたとえば、残虐な非人道的行為を目撃したりしても、それを国際世論に向けて訴えかけたり、ましてや、そのような非人道的行為、戦争犯罪を裁くものとしてオランダのハーグに設置されている国際刑事裁判所（ＩＣＣ、ローマ条約に基づき二〇〇三年三月一日に創設され、日本は二〇〇七年一〇月一日に加入、一〇〇ヵ国以上が現在加入国となっている）において、訴追の当事者となることは言うまでもなく、事案の当事者となることもないであろう。つまり、干渉せず、「善」と「悪」との棲み分けに関わることはないのである。

物足りなさを感じるかもしれない。特に行動的であり、「悪」に対して限りない敵意を抱き、さらに放置すること、座視することを心善しとしない人々にとってはそうであろう。

実際に赤十字の中にもそのように感じている人々もいるであろうし、そしていた。そのひとつの現れが、一九七一年、フランス人の医師たちを中心として創設された「国境なき医師団」（ＭＳＦ、メディサン・サン・フロンティエール）である。彼らは赤十字の一員として一九六八年から七〇年にかけてナイジェリア内戦の地、ビアフラに派遣された。ビアフラ戦争である。ナイジェリアは当時から正確な人口統計はないが、一億人程度の人口を有し、その四五％は都市部に居住していた。しかし、ナイジェリアには二五〇以上の部族があり、文化的にも、歴史的にも、言語的にも、まるでモザイクのような国だった。その人口の七〇%は北部のハウサ族とフラニ族、南西部のヨルバ族、南東部のイボ族によって占められており、このイボ族がナイジェリアからの分離独立を意図して激しい部族間抗争を内因する内戦となった。

この紛争に赤十字の一員として派遣されたフランス人医師たちは、各国のそれぞれ思惑を秘めた救援活動や、すさまじい非人道的な殺戮、一般住民の意図的な攻撃に対しても国際世論に対しては沈黙をとる態度に大きな限界を感じた。人道援助に対する国際世論を味方につける意味でも、各国がより戦争犠牲者に対する救援や、紛争そのものを解決する行動を起こさせるためにもメディア、各国政府、国際機関に世論喚起し、議論を呼び起こす組織を作る必要があると考えた。もちろん、これらのみが目的でなく、そもそも「人道活動」は国境を越えるものだ、国境によって「人道活動」が行えないということはないはずだという信念等からも、「国境なき医師団」が、彼らを中心に創設された。中心メンバーの一人となったベルナール・クシュネルは、一九七九年に「ベトナムの船」といわれる、ベトナムから逃れるボートピープルを救う活動を行う中で、ベトナム政府を激しく人権侵害を行っているとして非難するとともに、「ベトナムの船」に多くのジャーナリストを乗せ、盛んにメディアに訴えかけを行った。このことを非難する声が「国境なき医師団」の中にもあがり、彼は、さらにこのような運動形態をとる組織「世界の医療団」を一九八〇年に創設、その後はフランス政界に入り、現在はサルコジ大統領の政権においてフランスの外務大臣となっている。

「国境なき医師団」はその後もその運動を拡大して行った。年間約四七〇〇人の医療スタッフが世界各地七〇ヵ国以上で活動し、どこの組織より早く、そして地元に根ざした少なくとも一年以上にわたる開発協力、つまりその地域の医療レベルを現地の人々とともに築き上げ、高めていく活動も行っている。そして特色的なことは、その資金源である。もちろん政府や、企業からの寄付も受けている。しかし、資金の八〇％は一般個人からの寄付となっている。

このような組織、「国境なき医師団」は今世紀が始まってからの最大の人道危機といわれるハイチ地震において、何を語ったのか。現在の「国境なき医師団」の会長、クリストフ・フルニエ会長は『ニューズウィーク』誌のインタビューにこう語っている。

「援助に軍隊は不要だ」と。

過激な言葉に聴こえる。しかし、彼の主張はこうである。

『『国境なき医師団』は、ほかの組織がハイチ入りする以前から、既に八〇〇人に上る医師や看護師など医療専門家を活動させていた。我々はハイチで既に一九年も活動している。武装の護衛は必要ない。アフガニスタンのようなところではもっと大きな問題になる。軍事戦略のせいで救援活動の困難と危険が増加してしまった。人道援助・救護活動が武装勢力対策に組み込まれてしまうと、二つのことが起こる。一つは、援助が最も必要なところでなく、戦略上の目的に合うところに提供される。たとえば、アフガニスタンの首都カブールは人口が〇一年以降四倍に増えて医療体制はひどい状態だが、比較的治安は安定しているとみなされるため、援助の優先度は低い。その代わりに、武装勢力が支配されているとされているところには、住民から歓心を買うために人道援助が行われる。

二つ目は、欧米諸国が軍事行動と人道救援活動を公然と結びつけると、救援施設が武装勢力からの攻撃の対象とされてしまう。だから私たちは、このような形でなく、自分で現地に行って、護衛なしの「中立」の診療所を開設している。」

湾岸危機の際、見事に戦略目標を定め、安全保障理事会決議が許容した範囲の武力行使として、クウェートを侵略したイラク軍をクウェート領内から撤退させる軍事力の行使を多国籍軍の中心として成し遂げた、当時の米国統合幕僚会議議長コリン・パウエル将軍でさえ、「人道救護団体は力の乗数として、アメリカによる戦勝に寄与する」との認識を述べている。このように戦争における犠牲者の保護から生まれた赤十字のような人道救護団体は、その活動を自然災害における被災者の救援に拡大してゆく歴史の中でも、現在の国際政治、特にガバナンスが崩壊した国、地域における人道救護活動を行うに際しては、自らの安全確保の問題という現実的な問題を分かちがたく絡めて、各国の政治戦略、軍事戦略の中で位置づけされ、価値づけされる傾向にあるのである。

現在の「国境なき医師団（ＭＳＦ）」のクリストフ・フルニエ会長は、創設者の一人、現フランス外相のベルナール・クシュネルに批判的である。フルニエによれば、九〇年代のソマリア、クルド人地域（イラク）、コソボ自治区（旧ユーゴスラビア）で「人道的介入」（無垢なる一般住民を虐殺の魔の手から救うため、軍事力による紛争への介入を正当化するもの）という、人道的救援活動が政治・軍事的課題と結びつけられる状況を結果として生みだしたのは、クシュネルだという。

しかし、私に言わせれば、現在の「国境なき医師団」のあり方は、赤十字の人道救援に飽き足らず創設された組織でありながら、再び、赤十字の原点に帰結しつつあるともみなせる。

フルニエは「冷戦終結以後、国際的な人道活動を行うＮＧＯは急増した。しかし、その多くが民主主義の定着や和平の推進といった欧米諸国が推し進める政治課題と結びついた政治課題を掲げている。『国境なき医師団』の活動は異なる。私たちの目的は極めて限定的だ。災害や戦争の荒廃の中で、人々が生き延びるように助けることだ。敵味方を分けない。誰が良いとも悪いとも言わない。それが中立の原則だ。中立を守るのは事態の残虐性を認識していないからではない。実際に救助を必要とする所へ、実際に援助を届ける方法はそれしかないのだ」と熱く語っている。この姿は「中立」を熱く語る、赤十字の創設者であるスイス人アンリ・デュナンを髣髴《ほうふつ》とさせる。

2　現代の国際人道機関が抱える問題とは

ここで現代の国際人道団体が抱える問題が二つ提示される。

・人道的悲劇、非人道的な状況におかれる人々を生む原因――戦争、武力紛争、貧困、ガバナンスの欠如――を生み出す国際社会の現状、特にその原因、要因の解決に向けて何をなすべきなのか。

・それぞれの人道団体の、人道活動を行う要員の安全をいかに確保するのか。

ということである。

イラク戦争における赤十字国際委員会（ＩＣＲＣ）のあり方を示してみよう。ＩＣＲＣは、イラン・イラク戦争が開始された一九八〇年に既にイラクにおける活動を開始している。それも単にＩＣＲＣのみが、単独で活動するのではなく、イラクにおける赤新月社（イスラム教国では赤十字の標章に替わり赤新月の標章を使用）の協力や、二〇ヵ国に上る各国赤十字社・赤新月社の参加を得て、国際的な赤十字のネットワークを構築して人道援助・救援活動を行ってきた。単に負傷者の治療や医薬品・生活必要物資の供給という一時的なファースト・エイドでなく、たとえばイラク南部の都市バスラにおいては一〇年以上の歳月をかけてバスラの都市給水システムの復興、構築という社会的インフラ整備を含むものだった。米軍によるイラク攻撃が行われた二〇〇三年三月の時点では、ほぼ完璧な水道給水がバスラにおいては完成していた。それが米軍の爆撃により破壊された後も、バスラに留まりバスラ市内において六〇％から七〇％の給水状況を戦火の下で確保し続けた。イラン・イラク戦争終結時には何万人にも上るイラク兵捕虜のイランからの帰還を実現させた。多くの行方不明者や離散家族の安否調査にも努力した。私が言いたいのは、ＩＣＲＣはイラクの多くの人々の信頼や感謝を、長い年月をかけて築いていたということである。

ここに見られる考え方は、上記の「国境なき医師団」のクリストフ・フルニエ会長の言葉につながる。「私たちはハイチに一九年もいる。武装の護衛は必要ない」と。

ＩＣＲＣのイラクにおける自らの活動を端的に言えば、「我々は単なるファースト・エイドのみでなく、彼らの信頼を勝ち得るため、なんら政治的意図、主義の押し付けをすることなく、生活基盤の確保に無償の努力を続けてきたのだ。その努力を軍事作戦が破壊した」となる。

つまり、武器なき人道援助を長く続けること、それが現地の人々の信頼を得て、その人道活動の安全と継続性を確保できるのだということである。

ＢＢＣが製作した「世界ドキュメント――オバマの戦争」はアフガニスタンにおけるアメリカ海兵隊の興味深い姿を報じている。海兵隊の部隊はアフガンの村の道を行軍する際、村人に声をかける。「どうだい」、「元気にしている」等々と。そして、ベースキャンプを村の市場の側におく。

安全を確保して、タリバンの攻撃が市場に行われないようにすれば、人々の生活が戻ってくる。そして村人の生活がタリバンの恐怖支配から解放される。このように考えてアメリカの海兵隊員は行動するが、村人は海兵隊の挨拶や声かけ、特に「タリバンを見たか」という問いには絶対に応えない。応えたことがタリバンに知られれば何らかの報復が自らの身に行われることを知っている。市場は開かれず、村人の多くは村から逃れて住んでいる。ここに三万人の米兵増派を実施するのが「オバマの戦争」というドキュメンタリーである。

ここで思い起こすのは、素晴らしき期待をもって迎えられ、その当時の光り輝く才能と英知を持つ人々を配したケネディー政権がベトナム戦争にのめり込んでいく姿をあざやかに描いた、故デイヴィッド・ハルバースタム氏の著書『ベスト&ブライテスト』の一節である。

「ケネディーが、そしてのちにジョンソンが学ぶように、軍部はいったん敷居をまたがせると、一筋縄では言うことを聞く相手ではなかった。その後あらゆる時点で、軍部による見通しは誤りを犯したが、そのことで遠慮をするような軍部ではなかった。普通ならば、彼らは信用を失い、その圧力も減退していくものと考えられるのだが、軍部については、事は逆であった。圧力はむしろ高まり、要員、兵器、攻撃目標すべてについて要求は増大していった。（中略）戦争を小規模に抑えることができると考えた文官にとって、一つの大きな教訓は、軍部を御していこうとするなら、最初から手綱をしっかりと引いておかねばならない。（中略）少しでも軍部の言うことを聞けば、そのあとは、すべて彼らの思うとおりに事態が進むのである。彼らは議会や強硬派のジャーナリストに有力な味方を抱えており、彼らに得意な即決断行、あるいは愛国的情熱や雄々しさが、慎重考慮する人々の議論を圧倒するのである。」

これを読んで感じることがある。日本政府が行う、あるいは日本のNGOが行う、国際的人道支援活動が日本の軍事的勢力と一体化することは、アメリカや他の欧州主要国と比較して極めてすくないということだ。存在はするが日本の軍部の力は未だ巨大ではない。結果、日本人が行う国際的人道活動が日本の軍事戦略の一部をなす可能性は少ない。もちろん、救援活動の現場において、他の諸国のたとえば軍隊による治安維持活動、ないしは国連平和維持活動部隊（PKO）との協力や連携はあり得るだろう。しかし、それはある国の政治的意図を持った軍事戦略の一部として国際人道活動を行うことにはならない。国際社会が認めたPKOとの連携・協力という形になるはずである。最も強調したいことは、巨大な軍事機構（もちろん自衛隊の存在があるが、比較の問題としてアメリカほどの巨大さはない）を有しない日本が最も国際貢献を行える分野が、この国際的人道活動という点である。

ハイチ地震の復興の話に戻れば、実は復興に投じられる何十億ドルの資金、援助は「強大な蜜壺」となる。たとえばイラクである。二〇〇八年の共和党の大統領候補となりオバマ大統領と大統領選を戦った、ジョン・マケイン上院議員のような軍事行動容認派の人物でさえ、イラク戦争後にこう言った。「イラクは大きな蜜壺で、ハエの大群が群がっている」。ハイチも蜜壺になる。人道的な救援活動に献身する人々が存在する一方で、国連や各国からの国際的な支援が集中するハイチは、巨大な資金援助があり、その資金を得て復興事業を行う、結局は外国企業にとって巨大な利益提供の場となるのである。無数のロビー活動が行われ、ハイチの未来の姿、ハイチの住民に真に必要なものという、最も大切な点は脇におかれ、各国企業は復興支援に関するプロジェクトの契約成立に奔走している。たとえば、衣料業界は新しい輸出加工区の設置や優遇税制措置、工場の再建費用を求めるだろう。そうすれば、業者は税金をハイチに払うことなく、結果としてハイチの公共部門は弱体化し、また同じような規模の災害に襲われた際、今回と同じような大きな被害を受けるだろう。

つまり、ハイチの脆弱性（Vulnerability）は何ら改善されない。企業の論理は最大の利益を最小のコストであげることであり、ハイチのガバナンスを取り戻し、公共的インフラやサービスがまともに提供される国として復興させることにはない。たとえば復興工事にはハイチの人々に賃金を支払って行うような契約条項を入れるだけでも、ハイチの人々の生活が大きく改善される。たとえば津波に襲われたタイは町ごとに評議会を設置し、住民が建築家や都市計画の専門家と協力し、自分たちが住む復興後の町づくりに参画した。このような住民参加（エンパワーメント）が、復興に最も必要であり、復興支援を行う各国政府、各機関は常にそのことを忘れてはならないのである。

たとえばこんな悪例がある。ハイチ地震が起こった際、米国の代表的金融機関の「シティーグループ」は最も早く、医療品と衛星電話（インマルサット）を携えた特別警備チームを派遣した。しかし、そのチームはハイチの人々を救うものでなく、現地のシティーグループ社員のみを救うものだった。社員を救うという、一見もっともにも見える行為だが、よく考えれば利己的であり、かつ非人道的である。このように企業の論理とは、一つのクローズド・ワールドなのである。このような中で、ハイチには九〇〇万人の人々が生活を営み、国連によればそのうち二〇万人はＨＩＶ／ＡＩＤＳに罹っており、子供たちのほとんどは、ジフテリアやマラリアの予防接種を受けていない。その上に、今回の大地震で少なくとも一〇万人以上が命を落とし、そして人道援助活動の困難さや、救援物資が送られてきても機能しない配給システムの中で、さらに死傷者の数が増えているのである。

3　今の世界の潮流の中での、赤十字の人道とは

スイスの山間の小さな町、ダボスで毎年一月に開催される「世界経済フォーラム（ＷＥＦ）」ほど、時の経済、政治の潮流を端的に示すものはない。世界的大企業のトップや政治家、各国の首脳等

がさまざまなテーマのもと、さまざまな分科会でＮＧＯの人々やジャーナリストも交えて議論を交わす。二〇一〇年一月に四〇回目を迎えたＷＥＦは、世界各国一三万人を対象に「今求められる価値観とは」という調査を実施した。その回答の三分の二が「金融危機は、倫理や価値観の危機」と答えた。そして二〇一〇年のダボス会議の中心テーマは「よりよい世界――考え直し、構想しなおし、立て直すべき」となっている。この中心テーマの下、六つの討議テーマが組まれているが、その中心は「価値の枠組みをどう作るべきか」である。具体的には「政府や企業、団体の共生と共栄」、「持続可能な発展」、「社会の福祉と経済発展の調和」、「グローバルな国際協力」となる。世界の潮流は明らかに、「新たな倫理観」、「持続的に成長可能な共生社会」の構築に向かっているのである。

これらの考え方、価値観の構築となるキーワードは何であろうか。私はそれを「共感」だと思う。人道をその中心理念にすえる赤十字の運動を推し進めるにあたって、三つの敵があるという。「無関心」、「利己主義」、そして「想像力の欠如」である。他者への共感、他国への共感、そして世界への共感がなければ、人は自らの現実社会のみで生きていることになる。日本にいても、日々人々が死んでいく。同じようにアメリカ兵も、タリバン兵士も、そして現地の無辜《むこ》の一般住民も死んでいく現実があることを、関心を持ち、利己主義を捨て、想像力を働かせれば共感は生まれる。その共感こそが、一人ひとりが何をこの世界になすべきなのかということの、最初の一歩となるのではないだろうか。大きな組織に属する必要もなく、ハリウッドのスターのように世界的に著名でなくても、人はその社会にコミットし、参画して何事かをなすべきなのである。それがこの社会、世界をよくすると自らが信ずるならば。

イラク・ボディー・カウント（Iraq Body Count http://www.iraqbodycount.org/）という人道的活動組織のホームページ（英文）が存在する。二〇〇三年にイラク戦争が始まって以来、一体何人の一般住民がイラクの地で亡くなっていったのか、大きな戦闘やテロがある度に実際に現場へ赴き、そして必要ならば病院に行ってまで確認して、亡くなった人々の数の正確な把握に努めている。このNGOのこのような調査結果によれば、最小に見積もって九万五、一五八人、最大に見積もって一〇万三、八一九人となっている（二〇一〇年一月三一日現在）。そして至近の例として、この二〇一〇年一月二六日、バグダッドにおける爆弾テロにより二一人、銃撃戦により一人、モスルにおける銃撃戦において一人、ナザル・カナンの爆弾テロによる一人の死亡者が報じられている。このような世界を日本においては想像しがたい。日々の仕事や生活に追われる日本だが、爆弾テロや銃撃戦は日常茶飯事のことではない。しかし、世界にはこの日本とことなる現実、爆弾テロや銃撃戦により死亡する人々が現に存在し、それは国際ニュースに極めて冷淡な（視聴率が取れないからということを第一の理由として、テレビでは特に）報道機関によりニュースとして取り上げられることもない日本では、思い至らない現実となってしまっている。死者の数は数字にしかすぎない。しかし、一人の死者にも、その家族、その友人、知人の悲しみが深くまつわりついているのである。

このように一般住民が亡くなる中で、彼らへの人道救援活動に従事する、たとえば赤十字国際委員会（ICRC）の要員の犠牲も起こっている。ICRCの世界各地における人道活動を統括する立場にあるスイス、ジュネーブのICRCの事業局長ピエール・クレヘンビュール氏は二〇一〇年一月二五日、日本赤十字社で講演した。そのときの資料によれば、二〇〇九年はICRCにとって深刻な被害を受けた年としている。スリランカで現地職員三名が殺害され、アフガニスタンでは無差別テロによりICRCの車両が爆破され現地職員一名が死亡、中央アフリカ共和国でもICRCの現地職員が一名殺害され、フィリピンではICRCの職員三名が拉致され、最後の一名は事件発生後解放されるまで半年もかかった。その際のICRC本部の苦悩、かつ家族の悲哀は想像を絶するものだったという。一〇月下旬にはアフリカのスーダン・ダルフール紛争において人道救護活動にあたっていたICRCの職員が拉致され、現在（二〇一〇年一月二五日）に至るも武装グループに拉致されたままとなっている。

一万二、〇〇〇名の職員を抱えるICRCの犠牲は大きい。まず彼らの士気をそぎ、そして恐怖感を生じる。しかし、彼らは武装した警備員とともに活動したり、ましてや軍の一環としての人道活動をしたりすることはあり得ないとしている。

筆者自身が、九五年当時のアフガン戦争の犠牲者を治療する、アフガニスタンとの国境交易の中心の街、パキスタンのクエッタにＩＣＲＣが設置した戦傷外科病院を訪れた際も、空港に出迎えに来たのはスイス人の生粋のＩＣＲＣ女性職員だった。日本の空港では絶対に見られない喧騒と混乱の中（空港ビルを一歩出れば何十人もの白タクのドライバーに囲まれ、外国人とみれば多くの子供たちが、小銭や菓子などをせがんでくる）、一目で筆者を視認した、ＩＣＲＣ職員の彼女はまっすぐに近寄ってきたかと思うと、踵《きびす》を返して、すぐ近くに大きくＩＣＲＣの赤十字の標章が屋根、ボンネット、左右のドアに大きく描かれているランドクルーザーに私を導き入れ、すぐに行ったことは、無線機のハンドトーキーをハンドルの目の前におき、ＩＣＲＣのクエッタのオフィスに「ミスター小池を車に乗せた」と報告する。その後、ほとんど五、六分おきに現在位置を連絡する。何か不測の事態が生ずれば、すぐわかるように無線の連絡を保つというわけである。クエッタに当時爆弾テロや、拉致事件は少なくともＩＣＲＣの要員、現地スタッフを対象としては起こっていなかった。

表　ＩＣＲＣの活動予算（2009年）

アフガニスタン	約74億1,320万円
イラク	約73億4,420万円
スーダン	約65億7,700万円
コンゴ民主共和国	約57億1,500万円
イスラエル及びパレスチナ自治区	約53億130万円
パキスタン	約48億3,240万円
ソマリア	約47億3,240万円
コロンビア	約31億8,080万円
イエメン	約20億6,020万円
チャド	約19億 500万円

しかし、そのような事態でも、この空港からホテルへの移動には緊張感が張りつめたものが、ひしひしと感じられるものだった。

ＩＣＲＣの職員一二、〇〇〇人が、さらに各地で地道な活動を行っている赤十字社、赤新月社が、国連の世界食糧計画（ＷＦＰ）、国連難民高等弁務官事務所（ＵＮＨＣＲ）、国連世界保健機関（ＷＨＯ）などの人道援助・救援活動に関わる諸機関と広範な協力関係を築きながら、オペレーション（活動）の主たる地域としている地を並べてみると、現代の国際社会の紛争地図、国家崩壊地域の姿が見えてくる（表を参照）。

アメリカのオバマ大統領がアフガンへの米兵増派を決めたごとく、そして多くのマスメディアがアフガン情勢の推移に注目しているように、やはりアフガニスタンは現在政治的にも、戦略的にも、そして国際的人道援助機関にとっても、そして金額規模的にはイラクも、ＩＣＲＣのオペレーションの中心地域となっている。

4　安否調査

ここで、意外と知られていない赤十字、特に赤十字国際委員会（ＩＣＲＣ）の重要な人道活動を紹介したい。それは「安否調査」である。始められた当初はこの「安否調査」は、捕虜となってしまった兵士から家族への通信など（伝統的に「赤十字通信」と呼称される）、捕虜と家族で連絡が取れないものどうしの「安否確認」であったが、そのやり方、重要性はしだいに変化してきた。そして、現在では武力紛争においても、自然災害においても離散した家族のお互いの安全を確認し、必要があれば再会を果たさせるということに見られるように、「安否調査」は「心のケアー」の要素を含みながら、その重要性をますます増しているといえよう。

戦争によるあらゆる苦痛の中で、実は最もつらい苦しみは、おそらく、戦争に巻き込まれた息子や、兄弟たちに何が起こったのか、故郷の村や町に残してきた家族はどうしているのか、それを知るすべがなくなることであろう。ＩＣＲＣはこのような人々に「安否調査」を行い、いずれかからの通信文を届けることを「赤十字通信」として、長く重視してきた。具体的には、安否が知れない者の近所の者、村の長老、一族の長など、上記に挙げたＩＣＲＣの活動地域に広く伝統的に残る地縁、一族の長が有する情報・ネットワークを掘り起こしていくことになる。そして、ＩＣＲＣや現地赤十字社の建物、難民キャンプに掲示したり、新聞、ラジオなどの公共通信ネットワークも利用する。実際に旧ユーゴ紛争、ルワンダ内戦においてはイギリスの公共放送ＢＢＣや戦争報道に従事するジャーナリストの国際組織「国境なき記者団」のラジオ・アガタシアで、行方不明者のリストを放送し情報の入手を試みたりしている。

「安否調査」で困難を極めるのは乳幼児、一五歳以下の子供の場合である。このような子供の場合、離散時の記憶が鮮明なものでありながら、具体的な事実関係を探ることが困難な場合が多い。身分証明書、パスポート等、それらは両親と一緒のものであれば、子供自身がそのようなIDにとってかわるものを所有する例は少ない。従ってそのような場合、ICRCが作成する写真、氏名、離散した場所、日時（それが明らかであれば）が、唯一の「安否調査」の情報とならざるを得ない。

子供の場合、大人以上に心のケアーが必要であることは言うまでもない。ユニセフ親善大使をなさっている黒柳徹子さんから聞いた話だが、「両親を殺した人のことを思い出す？」と尋ねたら、その子供は「知らない。憶えてない」と答えたそうである。そこはルワンダの難民キャンプであったが、黒柳さんの通訳が少し離れた後、子供は「知っているよ。あのおじさんだよ」と黒柳さんに何とか伝えたそうである。子供には二重の意味で心に深い傷が残る。身内の死、身内の離散から来る、自分を保護してくれる環境の喪失、そしていつ自分が殺されるかもしれないという恐怖である。

聖路加国際病院の副院長細谷亮太小児総合医療センター長によれば、きょうだいがたとえば小児がん等で亡くなられた場合、両親とともに、きょうだいは「自分たちが悪かったから、弟は、姉は癌で死んでしまったのだ」と一種の罪悪感に苛まれる場合があるという。同じように政治、経済、大人の権力争いの結果である戦争や、武力紛争においても、自らを責める場合がある。このような場合、たとえば難民キャンプで絵を描く一枚の紙、一本の色鉛筆があることで、大きく子供たちの心が癒される。たとえ、それが戦争の様子を描いた絵であったとしてもである。また、もし難民キャンプで日常の一部として、木の下で黒板をおいて、何らかのクラスや授業が行えるようになると、さらに心が癒される場合がある。このように思いいたりにくいことが、戦争や、武力紛争においての子供たちの心に深い傷を残すことを、忘れてはならない。

一九九九年の旧ユーゴ紛争において、赤十字国際委員会（ＩＣＲＣ）は、インターネットを利用した離散家族再会のためのサイト http://www.familylinks.icrc.org を立ち上げている。このサイトに最初にあらわれる項目は、最近のチリ地震としてハイチ地震における離散家族のためのファミリー・リンクのマークである。言語もハイチのフランス語、クレオール語、そして隣国ドミニカの英語、中南米の主要言語スペイン語が用意されている。このハイチ地震をクリックすれば、「自らが生きていることを親族に知らせたい人」の名前がアルファベット順に数えきれないほど網羅されており、アルファベットに従っていけば、親族の安否を探す人は、その名前をここに発見でき、同じサイトからＩＣＲＣを通じて連絡を取れるようになっている。次の項目は、「もしあなたが生存しているなら」のリンク先である。生きていることを親族に知らせたい人は、ここに登録しておけばよい。そして、安否を案じている親族からの連絡がＩＣＲＣを通じて来ることになる。次に並んでいるのは、「親族の安否を探している人はここに登録してほしい」のリンク先である。ここに自らが探している親族の氏名等を記入し、また自らの連絡先メールアドレスなどを記入する。ＩＣＲＣ自身がリストからそれに該当する人がいたら通報して知らせてくれるし、またその人自身が生きていてＩＣＲＣに連絡を取れば、同じように親族の生存が確認できるようになっている。

このように「安否調査」は最新のテクノロジーを駆使しながら、膨大な人々のリストがあらゆる戦争、武力紛争、大災害のごとに作られていく。

5　人道救援の具体的システム――アセスメント、モニタリング、ガイドライン

レジスター、つまり登録するということは、人道的救護・救援活動を行う際の基本となる。そこに年齢、性別、基礎疾患、現在の健康状況まで書き込めれば、各救援団体が実際の救護・救援活動を行う際の重要な基礎資料となる。国際的人道救援・救護活動を実施する際、最初に行うことはアセスメントである。つまり、どのような年齢構成、性別、健康状態の人々が、どれほどの被害に遭ったのか、それをこのような基本的な指標に基づいて評価しなければならない。それができてこそ、どれほどの救護・救援が必要なのか、それを行うのにどれほどの資金、資材、人員がいるのか、それを各団体・機関がどのように分担していくのかが分かってくる。

そして、これら救援・救護活動が行われた効果をはかるのがモニタリングである。モニタリング（サンプル調査でもよい。しかし、なるべく脆弱性の高い乳幼児、高齢者、妊産婦などのグループが含まれていなければ、その結果は信頼できない）を行うことによって、初めて各団体・機関が行った救援・救護活動の効果を知ることができる。そして効果が充分でなければ、その救援・救護活動の方法、アプローチを変えることができる。このように実際の人道救援・救護活動は実施されるのである。これが国際的な規模になり、各団体・機関、そして各国政府の調整の要となるのが、国連人道問題調整局（略称ＯＣＨＡ、Office for the Coordination of Humanitarian Affairs）であり、長い経験とノウハウを有する赤十字国際委員会（ＩＣＲＣ）や国際赤十字・赤新月社連盟（ＩＦＲＣ）となろう。

現在の国際的人道救援・救護の方式はさらに進んでいる。スフィア・プロジェクトSphere Projectというハンドブックがある。そのホームページはhttp://www.sphereproject.org/であるが、このハンドブックが双方向的であることが分かる。実際の人道救援・救護の現場における経験、体験、改善点をフィードバックし、それをハンドブック改訂に生かせるようなシステムになっている。

このハンドブック作成の端緒となったのは、ルワンダ紛争である。アフリカ中央部にあるルワンダにおいて、一九九〇年から一九九四年にかけ、フツ系の政府軍及びインテラハムウェ（フツ族系民兵組織）とツチ系のルワンダ愛国戦線（Rwandan Patriotic Front, RPF）との間で行われた武力衝突において、少なくとも八〇万人から一〇〇万人が虐殺された。そして何十万人にのぼる戦争避難民が生じた。このとき人道救援・救護に関する国際機関、国際的ＮＧＯによる救援・救護活動が行われたが、それはカオスの極致であった。それぞれが、それぞれの哲学、方法でてんでに、バラバラに国際救援・救護を行ったのである。このときの反省から、もし統一的なマニュアルがあればということから、国連の関係する機関、国際赤十字などが作り上げ、そして常に再評価を行い、改訂されているハンドブックである。そこに見られる基本的な構成は、まず「なぜ人々は救われなければならないかの理念・哲学・原則」があり、これらを実現するための具体的最低基準（たとえば給水の確保、栄養補給、シェルターの設置など）があり、右最低基準が満たされない状況に対応するためのガイドラインがあり、これら活動を行う際の「行動規範」（Code of Conducts）とからなる。

まず「根底をなす理念・哲学・原則」が存在する。スフィア・プロジェクトの場合、「世界人権宣言」であり、「国際人道法」の中心を成す一連の「戦闘における非人道的行為を禁止」するジュネーブ諸条約であり、「難民条約、難民の地位に関する議定書」等である。具体的に述べれば、「個人には生命に対する権利があり、その権利が侵された場合に保護措置を求める権利がある」とされる。つまり、戦禍から逃れる人々や、大規模自然災害の被災者がかわいそうだから救援・救護に向かうのではなく、あらゆる人道救援・救護団体には彼らの権利を充足させるため、より簡明に言えば、彼らには生き、尊厳ある生活を営む権利があるゆえに、同じ人間として、その権利を確保するためには人道活動を行うのである。なぜならば、我々も同じ権利を有しており、その権利を守るためには、同じ人間なら他の人間の権利を守らなければならないからである。

このような哲学の基礎にたって、極めて具体的に指標を定めてくることに、私は感心する。哲学のみではないし、また抽象的なモデルではないのである。

たとえば「水の確保と量」の最低基準がある。どのような事柄を満たせば、右の「水の確保と量」の最低基準は満たされるのか。それはこれまでの人道救援・救護活動の経験知、科学的評価から割り出されている。いずれにしろ、次のような指標が満たされれば、「水の確保と量」の最低基準が満たされているとする。

・どの家族にも、飲料用、調理用、個人の衛生保持用として、平均で一人一日最低一五リットルの水を使用できる。

・シェルターから最寄りの水場への距離は五〇〇メートル以内とする。*

＊筆者注——ほとんどの場合、水場から水を、自らの家族が避難生活をおくっているシェルターまで運んでくるのは、多くの難民キャンプで女性の仕事となっている。

・水場での待ち時間は一五分以内とする。

・三分以内に二〇リットルの容器が満たされること。

このように極めて明確・簡潔である。しかし、このような事柄が満たされない場合もある。現地の状況によっては、そのような可能性は多い。そのときは、上記指標の次に記載されている「ガイドライン」が、その状況を幾分か救ってくれる。ガイドラインには次のように記載されている。

・生存に必要な水の摂取量　一日あたり二・五〜三リットル
・基本的な衛生上の行動のみ　一日あたり二〜六リットル
・基本的な調理のニーズに　一日あたり三〜六リットル
・基本的な水のニーズの総量　一日あたり七・五〜一五リットル

以上のような知識と指標、ガイドラインがあれば、もし最悪の状況でも一日三リットルの水を確保できれば、被災者の命を保つことができることを知り、人道援助・救護活動ができるのである。絶望することもなければ、茫然自失に陥る必要もない。さらに重要なことは、各国政府、国連の人道機関、赤十字のような国際的人道活動を展開するNGOなどが、同じ理念・哲学・原則の実現を目標とする共通の援助・救護の採点基準と、右を満たしたか否かを評価する共通の指標、そして行動規範を持って活動することは、極めて現場における人道活動の効率性を高めることになることである。

さらに、たとえば、日本赤十字社はその医療職というヒューマン・リソースの豊富な人材を活用してあらかじめ人道援助・救護活動の開始に備えて、ＥＲＵ（緊急対応ユニット、Emergency Response Unit）を大きな積荷（カーゴ）として準備しておく。その積荷とともに医師、看護師、管理要員（ロジスティックス、国際赤十字やその他機関との連絡調整等）からなる一〇名前後のスタッフを現地に派遣すれば、すぐさま、基礎的な医療活動が現地で行うことができるような態勢となっている。同じようにノルウェー赤十字社、フィンランド赤十字社は二〇〇床程度の野戦病院的医療施設を立ち上げることができるＥＲＵを有している。

ノルウェー赤十字社やフィンランド赤十字社は独自に病院スタッフをその国内に有しているわけでないので、そのような経験ある医師、看護師等をあらかじめ登録しておき、契約を結んで派遣することとなる。ボランティア、ないしは国際的ＮＧＯ活動が社会の中に根付いているからこそ、できることであり、日本では想定しがたい。またドイツ赤十字社、フランス赤十字社は給水ユニットのＥＲＵ、スペイン赤十字社、オーストリア赤十字社が「通信機器ユニット」、イギリス赤十字社が「ロジスティックス・ユニット」という具合で、各国赤十字社の得意分野、特質を生かした協力的（Cooperative）な活動から、より有効な効率的 Effective な活動へと赤十字の国際人道救援・救護活動も変貌を遂げているのである。

6　要員の安全確保――最後は自己責任というStaying Alive

このように各国赤十字社・赤新月社のみならず、国連の諸専門機関（WHO、UNHCR、UNICEF）などで人道救援・救護活動に効果的な基本マニュアル、協力体制の整備が進む中、一方でますます悪化するのは、これら人道活動に従事する要員の安全確保である。このような武力紛争地、戦乱の地、極端に治安情勢が悪化した地域における、人道活動の必要性かつ軍隊と一体となったものでない人道活動の必要性が高まる一方で、危険性はそれにもまして高くなっている。

ICRCでは、「Staying Alive」（生き残る力、紛争地域における人道機関の要員の安全確保と危機管理ガイドライン）のタイトルのもと、イギリスのパラシュート部隊の士官としての経験があり、その後一九九三年以来、ICRCの軍人を対象として国際人道法を教授するセクションの一員として活躍しているディビッド・ロイド・ロバーツ氏が上記ガイドラインの作成にあたっている。同氏は英国サンドハーストの王立陸軍士官学校を卒業後、一九六六年に英国陸軍パラシュート連隊に配属され、その後二度も勲功により叙勲を受け、そして英国エセックス大学の国際人道法、法学修士課程を修了し、エセックス大学人権センター評議員、ロンドン名誉市民でもある。

ロバーツ氏は、人道活動に従事する者に強調される「Staying Alive」は、「紛争地域での人道援助活動にまつわる誤解や俗説をなくすことだ」として、「もちろん危険は常に存在するが、あなたが危険に対する基本的理解を持っていれば、それらの危険を回避することが可能になり、少なくとも危険度を大幅に減少することが出来るようになる」と言う。それこそが「知識が恐怖を一掃する」と言い切っている。つまり「自分自身が、自分自身の安全確保の最終責任者」とする考えが大前提となっている。

この「Staying Alive」には、身の安全を守るためのさまざまな「指針」が書かれているが、ディビッド・ロイド・ロバーツは「指針とはあくまで指針であって、一般的な状況において、与えることができる最良の助言でしかなく、全ての問題に対する決定的な答えとはなり得ない」と強調する。そして具体的な例示として「至近距離の砲撃に遭遇した場合、最善の指針は車両から降りて、身を庇《かば》うことだが、もし前方二〇メートルに山をくり貫いたトンネルを発見したら、躊躇することなく、アクセルを踏み込んで、そこに避難すべき」と書いている。つまり、「Staying Alive」に書かれた指針に、自分自身の分別と判断を加えて行動しなければ、この不安定な世界で人道活動に従事する者は身の安全を図ることはできない。そして、大文字で記載されていることの一つに、この文言が記載されている。

「あなたは志願した」、「あなたはあくまで自分の意思で、この仕事に志願したことを忘れてはならない。紛争地域には必ず危険が存在する。あなたは自分自身のためにその危険を理解し最小限にとどめなければならない」と。強制されたのではない、志願したのだ、そこには自らの自己責任が常に存在するし、人道活動、特に紛争地域における人道活動における自己責任の範疇として、対処しなければならない。

自分の周辺で何か起こっていないか、常に正確に意識し、警戒しなければならない。常に先のことを考え、問題や起こりうる危険を回避しなければならない。今、自分がどこにいて、どこに向かっているかを確認しなければならない。迷ってしまうのは最も危険である。移動中は周囲の状況に注意を払い、事が起こった場合どこに身を隠すことができるのか、避難場所があるのか否かを考えておく。これらの事柄はそれまでの日常生活や行動では決して考えられなかった大きな相違点だ。もし、意識的に適応しようとして努力すれば、驚くほど早く適応することが出来、その結果新しい派遣先でより安全に過ごすことが可能となる。このように「Staying Alive」は説く。

人道援助活動はより危険になっていると多くの人々が指摘している。人道援助活動に従事する者は「狙われやすい標的」とすら言われている。実際には事件数自体は減っているが、同じデータから深刻な状況が見て取れる。つまり、巻き込まれるのでなく、赤十字のように人道援助機関そのものが攻撃の標的とされる例が増えていることである。

なぜ、そのようなことが起こっているのか。そこには幾つかの理由があげられる。ひとつは、一〇年前と比較してはるかに多くのＮＧＯが活動していることである。その結果、さらに多くの人々が危険に晒されていることになる。もう一つの理由は「テロに対する世界規模の戦争」である。最近の調査によれば、過去において、武装集団は人道援助機関の存在を彼らにとって有益なものと見ていたかもしれない。それは彼らが制圧している地域の住民の保護や援助にある一定の意義と有益性を見出しているからである。しかし、現在の武装集団、テロリストグループのように機動的で秘密行動をとるものにとっては、彼ら人道援助機関の存在は邪魔にこそなれ、何の利益もないとみなしている場合がほとんどなのである。

このような場合、人道援助機関はどのように対処すべきか。第一に、人道援助機関さえも標的にする可能性のある集団をよりよく理解する必要がある。具体的にはその集団が、人道援助機関をどのように認識しているか、どんな動機を持って行動し、そして彼らが関わっているコミュニティについてよく知るべきである。人道援助機関がこのような状況の中で活動を継続し、さらにその活動を受け入れてもらうには、紛争に影響あるすべての人々の中にネットワークを作る必要があるのである。ここに、赤十字の持つ「中立」、「公平」、「無差別」な救援への原則の意義が改めて、現代のような「世界規模の対テロ戦争」の中でも、大きく認識される理由と必要があるのである。

7　人道援助機関と軍の役割の不明瞭化

これまで戦争や武力紛争において、軍隊と、非軍事的組織である人道機関の間には、それぞれの活動の領域に長い間慣習的にもすみわけがされていた。しかし、これまで触れてきたように、最近では軍隊が人道援助活動を伴って軍事行動を行う場合が多い。

たとえば、二〇〇三年二月から二〇〇九年二月まで行われた自衛隊のイラク派遣もそのようなものであった。時限立法である「イラク特別措置法」、正式には「イラクにおける人道復興支援活動及び安全確保支援活動の実施に関する特別措置法」、まさにこのイラクにおける自衛隊の駐留を可能とした法律そのものが、人道復興支援活動を謳っているのである。実際には、約六〇〇名弱の自衛隊の部隊が、イラク南部の比較的治安が落ち着いたとされるサマーワに部隊を駐屯させながら、人道援助活動としての「給水」、「医療支援」、「学校・道路」の補修をするというものであった。この支援は厳密な意味で言えば、軍隊という自己完結型の組織が、軍の命令系統の下、ひとつの国の軍事政策、外交政策の一環として行うものであり、一言でいえば「その軍隊に反発をしない人々、軍の治安活動の状況下にある住民に対して『給水』、『医療支援』、『学校・道路補修』などの民生支援活動を行うもの」である。

ＥＵは伝統的に人権、人道問題の取り組みに非常に熱心だが、ＥＵにおける人道問題を取り扱うＥＣＨＯ（the European Commission's Humanitarian Aid department）は「人道援助・救護活動」を次のように定義付け、人道援助機関と軍との役割分担の不明瞭化への問題を鋭く指摘している。「援助を必要としているすべての人々に対する人道援助は中立・公平でなければならない。さらに援助は政治的、あるいは軍事的条件なしに実施されなければならず、人道援助機関の要員は、論争あるいは政治的立場においてどちらの側にも加担してはならない」。

アフガニスタンやイラクでの戦争では、軍隊がある種の救援活動の任務を担っていた。そして日本の自衛隊も比較的治安状況が良い場所で、自らの「身体の安全」と、「自衛隊の管理下にある者、ないしは自衛隊に保護を求めてきた者の身体の安全」（これはこれまでの自衛隊の海外派遣の武器使用の原則であった「自らの身体の安全」より武器の使用可能性を拡大した新たなガイドラインとして、イラク特別措置法に盛り込まれた点として注視しなければならない）に関して、武器（小火器のみならず、重機関銃を装備した装甲車）を持ち込んで、しかも「非戦闘地域」に限られるという、非常に線引きが困難な前提を付された上で、「非戦闘地域」において「人道復興支援活動」と「安全確保支援活動」を行った。

いずれにしろ、以上の軍隊における地域住民に対する援助、在来型の人道支援活動は、一見人道的な目的で行われていると見られがちであることにより、根本的に峻別されるべき人道機関による人道援助活動と、軍隊による活動の境界線を侵食し、人道主義的な「空間」と軍事的な「空間」の区別をあいまいにしてしまったのである。

人道諸機関はこの不明瞭化が彼らの安全確保に悪い影響を与えたと考えている。さらに、戦争、武力紛争の犠牲者に対して赤十字の原則にある「独立」、「中立」、「公平」の立場での人道援助活動を行う能力に、混乱を生じさせたと認識している。

つまり、本来軍隊は政治的な国家意思の貫徹、使命を実施する組織であり、中立の立場になるということはあり得ない組織である。中立、そしてさらには公平さを維持することができない場合、人道援助機関に対する信頼性は著しく損なわれる。戦争や武力紛争が行われている現場で、一方の軍隊の活動する地域のみで人道援助活動を行えば、一方の敵対する武装集団の活動する地域での人道活動を不可能化させ、結果として敵対する側からすれば、軍隊に付随する機関であることになり、攻撃の対象となり、要員の生命身体の危険度は極めて高くなり、中立、公平な人道援助活動をさらに困難にするという負のスパイラルに落ち込んでいくことになるのである。

軍隊も人道機関も、人道援助活動を行う場合、「地域住民の心（理解と信頼）」を得ることが重視される。しかし、この目的は軍隊と人道機関では全く異なっている。軍隊は地域住民を助けることではなく、究極の目的として、自らの軍隊の味方、少なくとも敵とはならないように「地域住民の心」を得ようとする。そして情報、特に敵側の情報収集にも励むこととなる。一方で、人道援助機関も「地域住民の心」を必要としているが、その理由は軍隊と異なり、そのこと自体が、人道援助を行う目的なのである。地域住民にとって真に必要な援助を行い、彼らが満足できるようにすること、そして将来にわたってさらなる同じような災害等に襲われた際の脆弱性も弱める、つまりより改善された社会システム構築に向けての人道支援を行うことが目的ともされるのである。

軍隊が人道支援を行うこと自体を問題としているわけではない。軍隊の「地域住民の心」獲得作戦はこれからも続くであろう。問題は、軍隊による「人道的作戦」が地域住民に誤解を与える方で、政治的、軍事的目的に結びついたときである。その誤解とは、軍隊が人道主義者の役割を担っているという印象を与えることである。

軍隊が救助活動を行える唯一の組織であり、まさに、人命救助だけが目的であるならば、このような軍隊の行動の必要性をほとんどの人道援助機関は理解する。たとえば軍隊が紛争の現場や自然災害の被災地に真っ先に到達できるというような場合である。最近における軍隊の直接関与の例としては一九九一年四月のイラク北部、一九九九年四月のコソボ、二〇〇四年一二月のスマトラ島沖地震・津波、二〇一〇年一月のハイチ大地震などの例が指摘できる。

また軍隊は重要で、ときには不可欠な（つまり人道機関にとっては実施困難な）役割を担うことがある。それは補給ルートの設置や確保、橋の建設や人道援助目的の輸送の保護、紛争当事者の軍事行動の停止、港湾や空港などの入国地点の安全確保管理、被災地域に赴くことを容易にするための地雷除去、不発弾処理、そして軍の航空機や艦船による人道救援物資の輸送などである。

「統合作戦（統合援助）」という新概念が存在する。この議論の中心は軍隊や国際機関、人道支援組織の不明瞭化を厳密に排除し、政治的、軍事的、人道的の各分野の整合性を図りながら、最も効率的な人道活動を行えるようにするための方策と、捉えられている。このような「統合作戦」がうまく機能すれば、人道支援機関の物資の配給ルート確保、要員の安全確保、住民の意思を尊重した新たな統治システムの構築をおこなえるだろうと考える。このような場合、その中心となるのは国連であろう。しかし、国連における政治的に最も重要な決議機関、安全保障理事会そのものが、決議に対する拒否権を有する五大国（安全保障理事会常任理事国）の政治的駆け引きの場であり、人権や人道問題を扱う国連第三委員会や国連人道問題調整局（ＯＣＨＡ）との連携、協力関係は薄いと言わざるを得ない。

しかしながら、この考え方はそれぞれの人道支援機関に――これを国際赤十字ＩＣＲＣ、ＩＦＲＣや「国境なき医師団」と具体的に言い換えてもよいが――大きな問題をなげかけている。彼ら人道支援機関が、このような考え方は「政治的独立」、「中立」、「公平」などを遵守する自らの存在価値の根幹に関わる問題と考えれば、「統合作戦」のより一層の進展はありえないであろう。つまり、軍隊や政治の存在は、彼ら人道機関がこれまで築き上げた人道援助・救護の領域、分野を侵すものと考えれば、このような統合的な作戦が今後より多く採用されていくことはないだろう。しかし、ある状態（非常に大規模な自然災害、数限りない武装集団が存在するような危険な地域など）において、そしてそれぞれの状態における各フェーズ（段階、特に初期段階）において、この「統合作戦」にも有効なものが存在すると私は考える。最初に一気に多くの人員を投入しなければならない場合、また物資配給に際して、その貯蔵倉庫をも含んで、保安上の措置を講じて行わなければならない場合、また多くの物資を、紛争地帯を越えて届けなければならない場合の港湾、空港、道路などの確保とコントロールなど、軍隊、特にそれが国連ＰＫＯのような一国のみでなく、代表的国際機関である国連のコントロールの下で、多国間の要員からなる軍隊の場合、それは一国の政治・軍事戦略上の目的に沿っての活動でなくなることから考えると、その力を以てすることは人道支援活動の実効性を確保して行う上で大きな助けとなろう。しかし、この場合も忘れてはならないのは、軍の統制下に人道組織が入らないことを忘れてはならない。自らの中立、公平、独立等という人道活動の根幹をなす理念を侵すようなことはできないということを、肝に銘ずべきである。

8　赤十字の政治と経済（1）——日本赤十字社の場合

現代の人道機関は純粋な気持ちのみでは活動することができない。自らの「人道」という看板を下ろすなら別だが、「人道」というからには、時に必要に応じて軍隊、他の国家、他の国際機関とも、最も適切な（右のこれらの機関を必要とする時を正確に見出すという意味で）協力関係をむすび、そしてそれら軍隊、他国政府の統制下には入らないという、綱渡り的政治感覚と自らの理念に忠実なることを求められているのである。

このような政治感覚に加えて、人道組織に求められるのは経済感覚である。もちろん人道組織の活動は透明性が高く、そしてドナーに対してどのようにその寄付された資金を活用したかを説明開示する義務がある。このようなことはまともな人道支援機関ならば当然に行っていることだが、赤十字の場合、困難性を増すのは、他の人道組織がいちじるしく増加した現代の経済状況の中でいかに多くの資金援助を受けることができるかという問題である。

たとえば日本赤十字社の場合、寄付を行ってくれた人を「社員」と称する。今でも覚えているが、昭和三〇年代頃は、日本赤十字社の寄付への慫慂《しょうよう》（「すすめる」の意）は町内会の回覧板とともに回ってきた。言わば自治体の末端に組み込まれていたのである。もちろん現代でも全国四七都道府県に日本赤十字社の支部があり、日本赤十字社東京都支部の支部長は東京都知事がつとめるなど、他の道府県支部長もほとんど自治体の長である。当然にある程度の人事交流はあり、日赤の各都道府県支部は関係の度合いの違いはあれ、災害対策基本法で定められた災害の指定公共機関として、自治体が行う災害対策救護で深くその自治体と結びつき、支部としての活動も深く自治体の活動と絡み合ってくる。

その法律上の基礎的位置づけは昭和二六年に定められた「日本赤十字社法」に基づく許可法人で、有事の際にも災害と同じように指定公共機関と位置づけられ、災害や有事に備えて防災基本計画と国民保護基本計画の策定と閣議の承認を経ることが義務づけられている。つまり、災害時、あるいは有事（戦争、武力攻撃事態、事態の認定は内閣が行う）になれば、右の各計画に基づき、国民を救済することに対して国との協力が義務づけられている。もちろん、これらは本来の赤十字の使命に合致するところで、国との関係においても自主性が尊重されるとされている。

日本赤十字社は戦前、宮内省の管轄であったが、戦後は厚生労働省管轄となる。このような経緯から他の欧米諸国の赤十字社にもあるように伝統的に皇室の援助が篤く、皇后陛下を名誉総裁とし、皇太子殿下ほか、各宮家の妃殿下を名誉副総裁としている。

上記の日本赤十字社法には「人道」と「国際性」という際立った特色を特に明記している。すなわち、第一条で「日本赤十字社は、赤十字に関する諸条約及び赤十字国際会議*において決議された諸原則の精神にのっとり、赤十字の理想とする人道的任務を達成することを目的とする」とされ、さらに第二条において「国際性」という見出しの下に「日本赤十字社は、赤十字に関する国際機関及び各国赤十字社と協調を保ち、国際赤十字事業の発展に協力し、世界の平和と人類の福祉に貢献するよう努めなければならない」と認可法人として異例の「人道的責任」、「国際社会への貢献」を前面に掲げているのである。

＊赤十字国際委員会（ＩＣＲＣ）、国際赤十字・赤新月社連盟（ＩＦＲＣ）、一九四九年採択のジュネーブ四条約締約国、そして各国一八六の赤十字社、赤新月社の四者間の代表が一堂に会する、赤十字の最高議決機関。

以上の設立目的、認可基準の下に、九二の赤十字病院、看護師養成の六つの大学等、献血血液保管・処理のための七九の血液センター等、さらには福祉施設、無線ハム通信資格を有する通信ボランティア、操縦士資格を持つボランティア等数々のボランティア組織、学校単位で構成される百万人以上の参加児童・学生を有する青少年赤十字組織を抱え、さらに最近のハイチ地震の際に見られたように、国際的な大災害や国内大規模災害の数々の募金活動（テレビ局などが実施するもの等）の引渡し先も日本赤十字社であることが多い。そして最近では日本赤十字社のホームページから募金ができる「イーバンク」（ttp://www.jrc.or.jp/contribute/index.html）、コンビニでも募金が可能となっており、よく見てみれば、レストランの会計のところにもプラスチック製の募金ボックスが実はおいてあるところまでが多数に上っている。血液事業では日本で献血の唯一の受け入れ先であり、献血から製造された血液製剤等の医療機関への供給を行っている。一九九一年以後は、有償血液による血漿分画製剤の製造が事実上廃止となったため、これら血漿分画製剤*の原料として献血による血液を製薬会社に提供している。このような幅広い活動を行っている。

＊大別すると、アルブミン製剤、免疫グロブリン製剤、血液凝固因子製剤、アンチトロンビンⅢ製剤等、さまざまな種類において出血性ショック、熱症、重症の感染症、血友病等の疾病治療に欠かせないもの。

現時点において一口五〇〇〇円以上の寄付を納めることによって、寄付者としての日本赤十字社社員となる。最近の統計によれば個人社員一五五三万人、法人社員二二万社となる。

日本赤十字社はその巨大な医療職のヒューマン・リソースを活かして、災害対策基本法以上の病院等に医師一名、看護師二名、庶務担当の職員である主事二名の計六名で一個班の構成される常備救護班を常に待機させている。

日本赤十字の前進はやはり戦争から生まれた「博愛社」にある。戦争とは、明治維新後の士族の不満を吸収する形となり、具体的には征韓論を主張して、政府部内の抗争に破れた西郷隆盛を中心とする鹿児島士族の明治政府への反乱——一八七七年の西南戦争である。提唱者である佐賀藩の佐野常民（後に伯爵）が熊本洋学校に設立した、敵味方の差別なく救護を行う「博愛社」に端を発している。明治政府は敵をも救護の対象とするという考えに当然に反対、無理解を示したが、時の征討総督有栖川宮親王に直接嘆願を行うことにより、嘉納された。しかし、「武器を持たなくなった兵士は人間であり、もはや敵同士でない」という人道思想は、当時の兵士にほとんど理解されず、敵味方双方から病院施設が攻撃の対象とされたりもした。ことに西南戦争は誇り高き薩摩《さつま》士族と徴兵された農民兵との戦いという意識が強く、ともに残虐非道の行為は数多く起こしている。兵士の倫理、軍人として沽券というものは存在していなかった。

いずれにしろ、「博愛社」は、ジュネーブにある赤十字国際委員会（ＩＣＲＣ）と無関係に創設されたものだが＊、一八八六年日本も当時のジュネーブ諸条約に加入したことから、一八八七年に「博愛社」の名称を「日本赤十字社」に改称した。日露戦争においてはロシア人捕虜の人道的扱いに多大の成果をあげ、第一次世界大戦においても、青島で捕虜となったドイツ人を極めて人道的に扱ったことで知られた。

＊もちろん佐野常民は一八六七年（慶応三年）、パリ万博に参加し、パリ万博会場で国際赤十字の組織と活動を見聞し、オランダに行き、装甲巡洋艦「日進」の建造を発注する。西欧諸国の軍事、産業、造船術などを視察して翌一八六八年（明治元年）に帰国していることから、赤十字の存在、その活動に知識を有していたと充分に考えられる。

しかし、第二次世界大戦（一九三八―四五年。日中戦争を含む）においては、かつての日露戦争、第一次世界大戦において天皇が発した「宣戦の詔勅」のすべてに見られた、「国際法規を遵守する」

旨の文言「凡ソ国際条規ノ範囲ニ於テ一切ノ手段ヲ尽シ必ス遺算ナカラムコトヲ期セヨ」は含まれていなかった。日本政府は「(当時の)戦争に関連する国際法規、ジュネーブ条約に準拠する」旨一方的に通告はしたが、その国際法遵守の意思は軍部、軍司令官、そして兵のレベルまで、等しく、共有もされていなかったし、知識の普及も不足していた。結果として多くの戦争犯罪を咎められ、敗戦後に連合国側からB、C級戦争犯罪人として裁かれる者が多くいた。

日中戦争(一九三五―四五年)に関する日本政府の基本的解釈は、統治地域における内戦という立場であり、戦時法規(現在、呼称するところの国際人道法)を適用する意思は全く持っていなかった。太平洋戦争においては、「準拠」という、いわば「適用に努力する」という態度であったため、日本赤十字社は東南アジア方面における連合軍兵士捕虜数十万人にのぼるといわれる人々が収容された収容所の訪問、「赤十字通信」による捕虜家族への連絡手段の確保など充分に行うことができなかった。

現代の日本赤十字社は、これまでも述べてきたように、九二もの病院を有し、数々の事業を公益のために実施しているが、「人道」が際立ち、そして多くの義捐金(一般の人々からの寄付)を投じて実施してきたのが、「国際人道活動」である。これら日本赤十字社の「国際人道活動」は赤十字国際委員会(ICRC)、国際赤十字・赤新月社連盟(IFRC)、そして現地の赤十字社等の協力とともに実施されるが、援助の対象となるのは、脆弱性が高い被災者、高齢者、女性、乳幼児などとなってくる。

二〇〇九年一〇月一日現在、日本赤十字社は一〇ヵ国に二七人の職員を派遣している。派遣国は地震に見舞われた国々、サイクロンの被害を受けた国々、紛争の影響が色濃く残る国、保健衛生環境の改善が必要な国々であるほか、資金面での協力を含めれば支援の範囲は全世界に広がっている。

9 赤十字の政治と経済（2）――世界の場合

二つの国際赤十字組織であるＩＣＲＣ、ＩＦＲＣの財政、経済は複雑である。つまり、ＩＣＲＣの資金源は、ジュネーブ四条約の締約国（一九三ヵ国）からの拠出金であり、たとえば二〇〇六年のＩＣＲＣの総収入額は約八九一億円で、そのうち九〇％が右のジュネーブ条約締約国及びＥＵからの拠出金である。資金源から見る限り、ＩＣＲＣの活動は各国政府の拠出金で支えられており、国連と同じような国際機関的性格をおびている。もちろん各国赤十字社、赤新月社からの資金提供もあるが、それは総収入の九％にすぎない。これら総収入のほぼ八〇％が、ＩＣＲＣが世界中で展開する紛争犠牲者の保護・救援活動に直接使われている。ＩＣＲＣのジュネーブにある本部の管理的経費は収入の二〇・九％にすぎない。

ＩＦＲＣの主な財源は、①各国赤十字社・赤新月社からの分担金、②災害ごとに出されるアッピール（援助要請）に対しての各国政府、赤十字社等からの任意の拠出金となる。二〇〇六年のＩＦＲＣの総収入は約四二〇億円で、ちょうど紛争の際の戦争犠牲者の救護・保護を目的とするＩＣＲＣの半分を少し切る程度の額となる。この総額の一三％が各国赤十字社等からの分担金、八〇％が任意の寄付金となる。このように見てみると、国家主権の発動に深く結びつく行為である武力戦争や紛争の犠牲者保護に奔走する赤十字の源となる組織、ＩＣＲＣの財政基盤の柱は主権国家である各国の政府であり、自然災害や飢餓等に対応する各国赤十字社の連合体、ＩＦＲＣの財政基盤は広く一般の寄付金となっていることが分かる。これらは、良し悪しの問題ではなく、その組織の性格、そして活動に複雑な影響を与えるものと考えるべきである。つまり、より非政府組織ＮＧＯ的性格をおびるのはＩＦＲＣとなり、より各国政府との対立を避け、国連等との協力など、広く政治的にも配慮する必要が常にＩＣＲＣの活動にはあるということである。

世界一八六ヵ国にある赤十字社の財政基盤も一様ではない。伝統ある英国赤十字社は個人・企業からの寄付金や遺産寄贈によってその国内総事業資金の七〇％を賄うことができている。一方でアフガニスタン赤新月社の場合、独自財源の確保はほとんど不可能であり、ＩＦＲＣとＩＦＲＣからの支援金で、アフガニスタン赤新月社のすべての活動を支えている状況にある。北欧を中心とする欧州の赤十字社は国際人道活動に極めて積極的に活動しているが、その多くは政府及びヨーロッパ連合のEU人道局（ECHO）からの拠出金によっている。

ICRCがその活動の中心においている武力紛争救援事業に対する各国政府、赤十字社の資金拠出状況（二〇〇六年度）は極めて興味深い。つまり海外派兵を最も多く行っているアメリカや英国が突出して多く、その次に続く国々は欧州の諸国であるが、これら諸国は国民一人当たりのGDPが多く、かつ「人権」、「人道」問題に積極的に対応する国々となっており、これら諸国の中で日本は最低の拠出額となる（表A参照）。

これをICRCの事業全体にかかる各国赤十字社（政府は除かれる）からの任意拠出金でみる

表A　武力紛争救援事業に対する各国の資金拠出状況（2006年度）

アメリカ	約21億円
イギリス	約11億円
スイス	約9億2,000万円
オランダ	約6億1,000万円
EU	約5億8,000万円
スウェーデン	約5億7,000万円
ノルウェー	約4億8,000万円
カナダ	約3億2,000万円
ドイツ	約2億6,000万円
日本	約2億5,000万円

表B　ICRCの事業全体に対する各国赤十字社からの任意拠出金の状況（2006年度）

英国	約15億4,000万円
ノルウェー	約11億円
日本	約9億4,000万円
スウェーデン	約6億2,000万円
ドイツ	約5億6,000万円
カナダ	約4億5,000万円
アメリカ	約3億6,000万円
オーストラリア	約2億7,000万円
カタール	約2億6,000万円
オランダ	約2億5,000万円

と、表Bのようになる。

以上で分かるように、アメリカ政府と赤十字社はＩＣＲＣの戦争救護にその拠出金の提供を集中して行い、ＩＣＲＣの事業全体にかかる経費については日本が三位であることや、石油資源や天然ガスにもめぐまれ、かつ国際テロリストネットワークのウサマ・ビンラディンのインタビューを放映したりして世界的に知名度を高めた、アラビア語放送局「アルジャジーラ」を有するカタールが入っているごとく、財政基盤がしっかりとしている赤十字社がＩＣＲＣに任意拠出を行っていることがわかる。

ここで、赤十字のもう一つの国際組織、自然災害に対応することを主目的とする各国赤十字社・赤新月社の連合体、国際赤十字・赤新月社連盟（ＩＦＲＣ）に関するものを見てみよう。

まず、主要各国政府および各国赤十字社合計の災害救援事業への拠出額であるが、表Ｃのようになる。

次に、主要赤十字社のＩＦＲＣへの分担金は、表Ｄである。

端的に言って規模の上でＩＣＲＣのオペレーションはＩＦＲＣのものより大きく、かつ政治的な意味でも、紛争と平和の問題に関わっている。このように組織は時にアメリカのような、世界最大の軍事力と最も多く自国兵士を海外展開する国にとっては役立つことが多く、自国の影響力をＩＣＲＣに対して資金面からもグリップしようとする。翻って、災害救護という、今後自然災害がますます多くなり、ガバナンスの欠如から社会的弱者が最も被災を受けるものとなる中でＩＦＲＣの重要性は高まっており、そのような中でアメリカは、知られていないことだが、政府もアメリカ赤十字社も他の政府、赤十字社と比較しても、最も多くの資金を拠出している国、赤十字社となっているのである。一面を見て、その国は判断できない。

そしていずれの組織にも常に多くの貢献を資金面からも、要員拠出の点からも成してきている

表C　主要各国政府および各国赤十字社合計の災害救援事業への拠出額

スウェーデン	約5億1,000万円
カナダ	約4億5,000万円
アメリカ	約3億円
イギリス	約2億9,000万円
ノルウェー	約2億9,000万円
日　本	2億5,000万円
オーストラリア	約1億6,000万円
中　国	約1億5,000万円
オランダ	約1億4,000万円
ドイツ	約1億3,000万円

表D　主要赤十字社のＩＦＲＣへの分担金

アメリカ	約7億1,000万円
日　本	約3億3,000万円
ドイツ	約2億7,000万円
イギリス	約2億1,000万円
スペイン	約1億2,000万円
イタリア	約1億2,000万円
ノルウェー	約1億1,000万円
韓　国	8,400万円
オーストラリア	約7,600万円
オランダ	約5,900万円

のはイギリス、北欧、スイス、カナダ、オランダのような欧州の成熟した国々なのである。

その中で日本は、五万人を超える巨大組織である赤十字社として、ＩＦＲＣへの資金拠出にも積極的であるが、日本政府としてはそれほど積極的でない。むしろ政府救援隊の派遣――二〇一〇年のハイチ地震に政府救援隊を初期段階で派遣し、その後、二月六日にはハイチでの国連平和維持活動（ＰＫＯ）に参加する陸上自衛隊約二〇〇名を派遣し、瓦礫の除去作業や整地作業に従事させるように、政府指導の災害救援のスキーム（枠組み）作り、実施に熱心である。

このような中、実は乱立と言ってもよいほどの数多くの国際的人道組織が活動し、自らの存在意義を強くアッピールすることに多くのエネルギーを費やさなければ、彼らの資金は途絶えてしまう状況が生じてきている。今後の「人道」を標榜する各組織のあり方、そして国際機関との関係、各国政府はこれら人道組織といかなる協力関係を築くべきか等々について、まとめの章として、次章において考察を加えることとしたい。

第4章　未来に向けての「人道支援」とその課題

ハイチ地震で負傷した乳児の世話をする赤十字のボランティア
(赤十字メディカルセンター)　©American Red Cross

1　ハイチに未来はあるのか

再びハイチの例をとってみよう。日本の自衛隊が瓦礫処理や、施設整備を行うためとしてハイチの国連平和維持活動（ＰＫＯ）に加わった。このことはそれなりに意義あることであり、ＰＫＯ要員となった自衛隊員の困難な地で活動することに思いは至る。

しかし、ハイチの復興に際してはより複眼的な思考と対応が必要であり、今後の人道活動にもそのようなものが必要とされよう。具体的に言えば、生き埋めとなった人々の瓦礫からの救出、災害地における医療活動、シェルターの設置、食料・水の配給等が、全てではないという複眼的思考と対応である。

二〇一〇年二月一〇日の『ニューズウィーク』誌にはジェニーン・インターランディ氏の興味深い記事を掲載している。同記事では、アメリカのコロンビア大学の国際地球科学情報ネットワークセンター科学部門のプログラム・コーディネーター、アレックス・フィッシャー氏の二年間にわたるハイチでの活動を紹介している。彼が参加するコロンビア大学の専門家チームは〇九年からハイチが抱える最大の課題のうちの二つに取り組む活動を開始した。つまり「貧困問題」と「自然災害に対する脆弱性」である。実はどちらの問題も解決策は一つなのである。それは「自然環境の回復」である。ハイチは西半球で最も貧しい国というのみならず、最も環境破壊が進んでしまった国なのである。ハイチでは原始の森林面積の九九%が消失し、国土の六%の土壌を喪失している。どちらも人口過剰と貧困と自然災害の悪循環がもたらしたものである。森林がなくなれば、土壌も喪失し、土壌がなくなれば森林も消える。明らかなことは、これらの問題は同時に対処しなければ、何ら解決できないということである。

ハイチ国民の六五%が生計手段として農業に全面的に頼っている。またえてして、ハイチを始めとする開発途上国というより貧困国の目指すのは経済開発であり、環境の回復は二の次になる。具体的な例をあげれば、ハイチのエネルギー需要の七五%は木材と石炭で賄われている。いずれも安価な燃料であるが、樹木を伐採しなければ手に入らない。そして樹木を伐採すれば、土壌は侵食される。土壌が侵食されれば、作物の収穫量は減り、地下水は汚染され、洪水も起りやすくなる。樹木に覆われていない山地で激しい洪水が起れば、村や町が丸ごと押し流され、ただでさえ貧困に苦しんでいる地域が救いのない困窮状態に陥る。

このような悪循環を断ち切るには、複合的で同時進行的な対策が必要とされる。環境負荷が低い燃料を使用できるようにし、土壌の回復を促す農業手段を伝授し、地元住民自身が水質改善や森林回復を図らなければならないという意識を強く持つようにしなければならない。

国連等の予測によれば、ハイチの人口は今後一〇年間に二〇%も増える。大地震の後もこの予測は変わることがないとされる。人口が増えれば、食料需要も増え、さらなる農地開発が必要となり、土壌浸食は必然的に進んでしまう。温暖化の影響で、自然災害（特に洪水）の頻度や深刻度は確実に増す。ハイチでは四月に雨季が始まり、六月にはハリケーンの季節が来る。一月の大地震により、地盤が緩んでいるため、ハリケーン、大雨による大規模な崖崩れが起こるのは確実と多くの科学者が指摘している。コロンビア大学を始め、これまでハイチの問題に取り組んでいる専門家たちは、崖崩れの危険が最も大きい地域に復興の支援を集中し、崖崩れの被害を最小化すべきと訴えている。起きたばかりの災害に気をとられ、再建計画は進められがちだが、場当たり的でなく、より複眼的な対策が必要とされる。大地震の発生で国際社会はハイチに目をむけ、多くの支援が行われているが、このようなハイチの抱える本来的な環境に目を向けた支援は行われていない。結果、ハイチの人々は同じような規模の地震が襲えば同じような被害を生じ、また雨季がくれば常に洪水や崖崩れの危険とともに生きていく道しかない状況にある。

一つの人道組織のみで、たとえばＩＣＲＣ、ＩＦＲＣなどが、このようなコロンビア大学の専門家集団を包み込んでの活動は行っていない。しかし、たとえば国連開発計画（ＵＮＤＰ）や世界食糧計画（ＷＦＰ）等の専門家を含む国際機関との協力は、これまでも行ってきたし、ハイチにおいても行っている。そのような協力の中で、何がハイチの脆弱性の原因の最たるものであり、その脆弱性を少しでも減らすための復興支援には何かを考え、それこそ Cooperation から

Coordinationという、専門意見を取り入れての復興支援が行われているであろうし、問題は未来のハイチを見据える視点の深さと方向性の問題となろう。

しかし、人の運命を考えてみると、その国に生まれたというのみで、ハイチのごとく過酷な環境、貧困、そして脆弱性に囲まれた中で生き抜かなければならない人々と、ヨーロッパの先進国たとえば赤十字発祥の国、スイスに生まれたということで、恵まれた社会福祉制度と保健医療へのアクセスを確保され、美しい自然環境に生きるということが可能である人々がいるというこの現実、これをそのまま受け入れるということは、決して人道（Humanism）の理念に沿うものではないと、私は考える。

たとえばスイスは九州とほぼ等しい国土面積であり、人口七〇〇万余、欧州大陸の中心部に位置し、仏、独、イタリアなどの国々と国境を接している。中世においては各都市に分かれ、ただ一つの国土資源として、その優秀なスイス人傭兵を各国へ輸出する国だったのである。同じスイス人同士が敵味方に分かれて戦闘を交わすこともままあったという。その名残は、ローマにあるバチカン市国（国連での名称は聖座The Holy See）の衛兵はミケランジェロがデザインしたという衛兵服をまとったスイス人であるということにも見られる。いずれにしろ、スイスは第一次、第二次世界大戦にも巻き込まれず、時計に象徴されるような精密工業はもとより、アインシュタインが学んだチューリッヒ連邦工科大学に代表されるような科学技術立国として、世界第二位、第三位の製薬会社「ロッシュ」や「ノバルティス」を有し、「エビアン」を始めとする数々のブランド、食品・飲料総合メーカー「ネスレ」等を有する国となっている。そして、そのスイス赤十字社の年間事業予算はドイツ赤十字社、フランス赤十字社に次いで多く四〇〇億円を超え、人口、国土面積、政治力ではるかに大きい英国赤十字社を凌《しの》ぐ。

2 教育が果たす役割

文化的で、そして「人道」「人権」が侵されないどころか高く維持されるということが、歴史、風土、自然環境等に影響を受けることは否定できない要素であろう。しかし、貧困や格差を生む、最も大きな要因の一つとして、私は教育を指摘したい。先に述べたが、新たな二一世紀を迎えた二〇〇〇年九月の国連ミレニアム総会においてその設置が決定された「人間の安全保障」委員会の報告書にあるように、「教育の格差」は決定的に人間の安全を脅かす。逆に言えば、基礎教育を普及させ、その効力を拡大すれば、人間の安全を脅かすほとんどの危険にたいして、強力な予防効果を発揮する。教育に関する矛盾や怠慢をなくせば、世界各地で人間の安全を脅かしているものを減らせることは確かなのである。

最も基本的な問題は、識字力や計算能力がないこと自体が、その人間からありとあらゆる社会参画の機会を奪い、「選択の自由」を無とするのである。読み書きや計算、そして意思伝達ができないこと自体がとてつもない「困窮」なのである。そしてその「困窮」がもたらす運命を変えることは、教育を受けることでしか、改善できない。

一九二〇年、H・G・ウェルズは『世界文化史大系』の中で、未来をこう予測して書いた。「人類の歴史では、教育と破滅のどちらが先になるのか、ますます競争になる」。これは誇張ではない。H・G・ウェルズの時代、二〇世紀初頭も、大恐慌や第一次世界大戦等、経済的にも政治的にも極めて混乱の時代であった。現在は、このような直接的な脅威、つまり人間の安全に対する脅威は、経済、政治のみならず、かつ身体的な暴力のみならず、HIV／AIDSに二〇〇〇万人が命の危険にさらされ、さらにより多くの女性が、妊娠や出産の上で、知識の欠如も大きな理由として、命の危機に晒されている。

右の「人間の安全保障」委員会報告書について日本の緒方貞子氏（現在、日本のODA等を統括する国際協力機構理事長）とともに共同議長を務めた、インド人のノーベル経済学賞受賞者アマルティア・セン博士（ケンブリッジ大学トリニティー・カレッジ学長を経て、現在再度ハーバード大学教授）によれば、教育を受けることができない悲惨さ、そこから生まれる貧困と格差は計り知れないが、逆に教育を受けることができれば、その恩恵は、受けた人に平等に広くもたらされるという。セン博士はノーベル経済学賞の賞金を使って一九九八年にインドとバングラディシュに基礎教育と社会的な男女平等の達成を目的とした「プラティチ財団」を設立した。セン博士によれば、この財団の活動を通じて、ひどい貧困にあえいでいる家庭においても、親はあふれんばかりの気持ちで子供に基礎教育を与えたがっていることを、そして親自身が苦しんだとてつもないハンディキャップを子供には味わってほしくないと切実に願っていることを痛感したという。

つまり、基礎教育を与えられる場へのアクセスさえ確保されれば、親は子供（男女とも）をそのような基礎教育の場で学ばせたいと、あらゆる社会において願っているということである。ここに経済学的な問いが発せられる。教育は経済学の市場原理に委ねるべきなのか。私の答えはNOである。市場システムは貧富の差を問わず、あらゆる人々に与えられるべきサービス（教育はもちろん、基礎的保健医療を含めて）に適さないということである。このことは二八七年も前に、スコットランドのカーコーディに生まれた経済学の泰斗、アダム・スミスが次のように述べている不変の真実なのである。

「社会はごくわずかな費用で、ほぼすべての国民に対して、教育の最も基本的な部分を身につける必要性を促進し、奨励しうるだけでなく、義務として負わせることすらできる。」

（アダム・スミス『国富論』中公文庫）

なぜ、それほど基礎的教育が大切なのか。我々がそれによって社会を成り立たせているもの——

—民主主義というものに、その価値を置くならば、民主主義の基礎は「国家の義務」と「個人の権利」の折り合い、関係であり、逆もまた真であり、「個人の義務」と「国家の権利」の関係をいかに折り合いよく、バランスを取るかにある。国家はその権利として税を徴収し、そしてその税を国家予算として、富を再配分する権利を有しているのである。逆に個人はその義務として税を支払い、そして自らの意見を形成し（自らの意見を持つこと、これが民主主義の重要な要素の一つである）、投票行動に移し、自らが国家の政治に参画する義務がある。この義務の達成のため、つまり自らの意見、意思を持つために絶対に不可欠なもの、それは基礎的教育である。

教育を得ることによって、人間が持つ最も大切なもの、それは「自由」である。それはFreedomの自由奔放でなく、「選択の自由」である。自らの人生を自らの意思で選択できること。これこそが「選択の自由」であり、この「選択の自由」こそが、近代市民社会を封建社会と異なる活力ある社会として形成させる源なのである。

すべての教育の価値は、論理的に選択する力を育み、自らのアイデンティティを構成する要素（風土、慣習、伝統、文学、宗教性、民族性、文化、歴史、科学的な関心等）についてどのように考えるか、どのような視点を持つのかを決める機会を基礎教育で与えるということである。自分たちの共通性のみに目を向けるのは決定的に間違いである。我々の世界がいかに多様性に富み、自らを囲む日常のみが、この国際社会を構成する世界でなく、この多様性をお互いに認識し、共感を持って他とともに世界を生きることが必要である、と感じることなのである。国際救援や人道的救護・救援活動の基礎においても、この多様性を認め合う「共感」の意識こそが、すべての始まりであると私は思う。

「発展」の概念には実に多くの要素が含まれるべきだが、世界はGDP（国内総生産）を基準として考える。もし豊かさを示すなら、このGDPを国民一人あたりに割ればよいと。しかし、これは間違っているだろう。人間を豊かにできるのは、「人間の自由」、先に述べたように、自らの人生を選択できる「選択の自由」こそ、重要な要素であり、その基礎には「教育」が存在する。

3 「人間の安全保障」

人は得てして権威とそれが説くところの考えに影響される。たとえば、アメリカの政治学者サミュエル・ハンチントン氏は、ベストセラーとなった著書『文明の衝突』の中で、インドをヒンドゥー文明として描いている。しかし、これはインドにはインドネシアとパキスタンを除いて世界のどこよりもイスラム教徒が存在する（約一億二五〇〇万人）事実を無視している。ハンチントンは「リベラルな寛容」を「西洋」ならではの特徴とし「近代化される以前から、西洋はすでに西洋だった」と書くが、一六世紀にインドを支配したアクバル帝が「宗教的寛容」を説いていた同じ時代に、ローマのカンポ・ディ・フィオーリ広場で、イタリアの宗教学者ジョルダーノ・ブルーノが異端のかどで火あぶりにされたことをどう説明しよう。

「人間の安全保障」の概念は、今後ますます重要となってくるだろう。国際法が統べる世界の中で、国家主権、国家領域の概念は、依然として「国家の安全保障」の中心概念であり確固たるものである。しかし、まさにハイチの大地震のように、あるいはアフリカ、特に平均寿命が四〇歳に満たないサブ・サハラ地域への開発協力支援のように、ひとたび「人権の危機」、「人道の危機」が国際社会の注目を浴びた際に、それはボーダーレスとなる。つまり、その救うべき対象、安全保障の対象は一人一人の人間となる。「人間の安全保障」の概念に基づき確保される人々の安全、それは国、地域によって異なるのは当然であろう。

しかし、その基本にある目的は極めて明瞭である。経済の成長による利益と富の分配が不公平であろうと、「人間の安全保障」の基本として定められる目標は「不利益をこうむるリスク」を軽減するということにつきる。教育で言えば可能な限りの基礎教育を受けられることによって、「自らの選択の自由」を奪われるリスクを軽減できる。基礎的保健医療へのアクセスを確保することによって、乳児死亡率・平均寿命[*]に対するリスクを軽減することができる。

*アフリカのアンゴラでは、一〇〇〇人のうち五歳の誕生日を迎えることができない乳幼児は一三〇人以上になる。日本の場合は一〇人に満たない。しかし、このような日本でも一九五〇年の統

計では、五歳の誕生日を待たずして一〇〇〇人のうち五〇人の乳幼児が亡くなり、大正時代の平均寿命は約四三歳であった。そして現在のアンゴラの平均寿命は約四〇歳である。

このような事柄を、「人権」という、これほど長くフランス革命以来、論議されつくした言葉に置き換えることは適切でない。そもそも「人権」という概念には国際社会の法、「国際法」で明文化されている「人権規約」*も存在するが、その概念の強さは、その言葉が持つ「社会的倫理」に強く訴えるところにある。「人権」が国際法化されていない場合でも、「人権」が広く国際社会に肯定され、それを推進する擁護・救護活動や虐待の監視（戦争捕虜などの場合、これに「人道」の概念が加わる）が、国際社会において広く支持されれば、「倫理上の責任」に政治的な要素が加わり、大きな力を持つことができる。

＊経済的、社会的及び文化的権利に関するA規約、市民的及び政治的権利に関するB規約が存在するが、男女の平等、生存権・死刑制限、拷問・非人道的刑罰の禁止、思想・信条の自由、児童の権利、参政権等を定めたB規約がより重要とされ、当然にすべての国家に受け入れられてはいない。

この「人権」の根底にある責任とは、人間の基本的自由を尊重し、それを推進し、それを拡大する行為として現れるべきである。しかし、現状の国際社会においては具体的にどの自由が重要で、社会がそれを承認し、保護し、推進すべきかについて充分に応えてこなかった。ここにおいて「人間の安全保障」はまず「人間の生活」にとっての不安・リスクをなくすために、国家、国際機関、国際的NGO、個人が何をしなければならないかを極めて具体的に示している。具体的にあげれば次のような項目となる。

①紛争の危険からの人々の保護
②武器拡散からの人々の保護
③移動する人々の安全保障の推進
④戦争から平和への移行期のための基金の創設
⑤極貧者が裨益《ひえき》するような公正な貿易と市場の強化
⑥最低限の生活水準の保障
⑦基礎保健サービスの完全普及
⑧効率的かつ衡平な特許制度の創設
⑨普遍的な基礎教育の完全実施
⑩グローバルなアイデンティティの促進

誤解されやすい言葉「グローバリズム」について、一つの例を示したい。上記⑩の「グローバル」は「広い基盤を持つ」、「広い視野を持つ」等の意味の「グローバル」である。誤解されやすい「グローバリズム」とは、現代国際社会において欧米文明のスタンダード、特に経済、文化、情報技術が広く世界各国を席巻していく動きと捉えられがちだが、本来的には、中国、インド、アラブからの西洋への流れであった。十進法は二世紀から六世紀の間にインドで考えだされ発展をとげた。それをさらに発展させたのが、アラブ世界であり、その後この十進法がヨーロッパに伝わったのが一〇世紀末であり、その後重要な西洋文明発展の役割を担った。このような流れは言葉の中に残っている。コンピューターを使って「アルゴリズム（計算方式）」を用いた際の、その「アルゴリズム」という言葉は九世紀前半に活躍したアラブの数学者、ムハンマド・ブン・ムーサー・アル・フワーリズミーの功績を称えて、「フワーリズミー」の名前を意味する「アルゴリズム」との呼称がつかわれ続けている。

また印刷術は完全に中国人の功績である。印刷された内容はサンスクリット語で書かれたものを中国語に訳したものであった。サンスクリット語の「バジュラッチューディカー・ブラジュニャーパーラミタトース」――これが「金剛般若経」が印刷された最初である。

「グローバリズム」が歴史的に省みて、現在の我々が思うように欧米の経済・市場システムが他の地域のこれら制度を飲み込むように統一化していくとのみ考えるのは間違いである。本来、グローバルな流れには新たな発見、発明があり、それが他の文明圏の刺激、さらなる発展を促すものなのである。

我々が記憶の彼方に、日常の彼方に忘れてしまったスマトラ島沖地震の大津波、それはわずか六年前の二〇〇四年一二月のことである。その地、インドネシアのアチェは壊滅的な打撃を受けた。この最も被害がひどかったスマトラ島北部のアチェは、その後五年以内に見事な復興をとげている。何がその復興の要件だったのか。第一に「早い段階で生き残った住民を巻き込み、住宅建設などの仕事や基本的な医療を提供すること」。そうすれば復興が部外者から押し付けられたものでなく、自らの地域を復興するための、自らが参画しなければならないものであるという意識を強く住民が持ち、より効率的、力強い復興を可能とする。しかし、このような住民参加の形態に持っていくために、最も必要なことは支援する側の政府、国際機関、国際的ＮＧＯ間の協力体制、各機関の役割分担の調整こそが、そのカギと言える。インドネシアの復興の場合、各支援機関が資金源を統合させ、優先順位と各機関の資金争いを完全ではないが、大きくなくすことができた。

このようなことは、現在の日本でも行われている。たとえば「ジャパン・プラットホーム」http://www.japanplatform.org/である。この組織は人道支援を行うＮＧＯ、経団連などの経済関係団体、社会的貢献を行う企業、マスメディアが一つのプラットホーム（土台）に乗り、政府からの拠出金（ＯＤＡ草の根無償資金援助が多い）、企業・市民からの寄付を募ることによって、人道的緊急援助の初動の際の活動資金が、迅速かつ最も右の活動に能力を有するＮＧＯに提供され活動できるようにしたものである。

翻ってハイチの復興が遅々として進まず、いずれ国際社会の関心が薄れていく中、既に地理的、戦略的視点からもハイチに大きな資材、人員を投入しているアメリカ側と欧州、アジア側の協力不足、調整の欠如が指摘されている状況は、ハイチという国の不運、運命を感じる。

ハイチの人々にとって、既に述べたところの「人間の安全保障」の中心概念、「人間の生にとってかけがえのない中枢部分を守り、すべての人の自由と可能性を実現すること」の可能性は地震のあとさらに低くなった。そして右概念の具体的目的とされる「広範かつ深刻な脅威や状況から人間を守る」ことからさらにかけ離れた状況に、おかれている。ましてや、もう一つの具体的目標「人々が自らのために行動する能力を強化する」ことは、前段階の最初の具体的目標が達成できていない状況では、その前提でさえ存在しないも同じである。つまりここに示されている具体的目標、簡潔に言えば「保護と能力強化」は相互補完的な関係にあり、どちらか一方が存在すれば十全な人道支援活動と未来に向けての備えが出来たとは言えないのである。

4 ＰＫＯとは何か

二〇一〇年二月一二日付『朝日新聞』夕刊は興味ある二つの記事を掲載している。ひとつは、「医療援助隊、終了へ」と題して、

「日本政府の北澤俊美防衛相は一二日、大地震で激しい被害を受けたハイチに派遣している『ハ

イチ国際緊急医療援助隊』に、現地時間の一三日で活動を終了するよう命令を出した。地震と関連のない患者が八割以上を占めていることや、現地の医療機関も診療を再開していることなどから判断。日本赤十字社が活動を引き継ぐという。」

もうひとつは、「自衛隊の重機ハイチに到着」と題して、

「陸上自衛隊がハイチでの国連平和維持活動（ＰＫＯ）に使うショベルカーやダンプカーなどの重機四両が一一日、民間輸送機で首都ポルトープランスに到着した。隣国ドミニカ共和国にも別の輸送機で運ばれたトラックなどが着き、陸路で運ばれる。車両整備を経て、一四日か一五日には、がれき除去などが始められる態勢になる。」

ここでＰＫＯとはどのようなものか、確認してみよう。

ＰＫＯとは、Peace-keeping Operations（国連平和維持活動）の略称である。そもそもは武力衝突をともなう地域紛争の発生に対して、戦闘が停止した段階で、国連が、その拡大を防止するためにＰＫＦ（国連平和維持軍）や軍事監視団といった小規模な軍事組織を現地に派遣し、「交戦者間の停戦の実現」、「兵力の引き離し」、「休戦ラインや非武装地帯の設定と査察」、「現地の治安維持」といった任務にあたらせることによって、事態の沈静化をはかり、紛争の平和的解決への素地をつくりだそうとする国連活動のことである。ＰＫＯは、ＰＫＦや軍事監視団のような軍事組織が現地に派遣されるものであるが、その任務は、国連憲章第七章のもとでの「平和強制」、

つまり「軍事的強制力を行使」することによって、「平和の維持・回復」をめざすことを目的としたものではなく、「紛争当事者の同意と協力のもと」に、「停戦の監視」、「兵力の引き離し」、「武装解除」などの「監視任務」に従事することであり、平和的に「武力衝突を収拾する中立的、緩衝的な役割をはたす」ところにその本質がある。

ＰＫＯ活動の基本的な特徴は、次の点にある。第一に、「ＰＫＯの非強制的性格」である。すなわち、ＰＫＯは「戦闘を目的」としたものではなく、「武器の使用は隊員の自衛の場合」に限定され、関係国、とくに受け入れ国の同意や要請を前提として活動がおこなわれる。また、軍事監視団は各国の将校で編成されるが、完全に非武装である。第二に、その「中立的性格」である。すなわち、ＰＫＯは、「紛争に利害関係をもつ国」など、紛争当事者の一方に加担する恐れのある国の参加を排除し、「紛争当事者に対して公正な第三者的立場」をまもり、また、受け入れ国の内政には干渉しないことがもとめられる。

第三に、その「国際的性格」である。すなわち、ＰＫＯは、国連の安全保障理事会あるいは総会の決議によって設立され（今日では、ほとんどの場合、前者の決議である）、その決議をとおして「国連の機関」としての性格が付与され、また、安全保障理事会や国連事務総長の直接の指揮・統制に服する。ＰＫＯの具体的任務としては、「停戦監視」、「兵力引き離し」、「武装解除」、「紛争再発の防止・パトロール」といった軍事的側面のほかに、「紛争地域の治安維持」、「復旧支援」、

「選挙管理」、「避難民の帰還援助」など多方面におよんでいる。

日本は長い間、憲法や自衛隊法の制約から、ＰＫＯ活動への協力は資金面にとどめてきた。しかし、国際社会からの期待や日本の地位向上をはかるなどの点から、日本政府は一九八七年（昭和六二年）に文民要員の派遣をきめた。ついで、湾岸戦争時の財政的貢献がかならずしも国際社会で評価されなかった経験をへて、九二年（平成四年）に、自衛隊のＰＫＯ活動への参加を可能にする「国際連合平和維持活動等に対する協力に関する法律」（ＰＫＯ協力法）が成立した。以後、国連カンボジア暫定統治機構や国連モザンビーク活動に自衛隊が参加し、一九九六年二月には、イスラエルが占領をつづけているシリア領ゴラン高原の「国連兵力引き離し監視軍」に自衛隊が加わった。ただし、この段階では、自衛隊の活動は後方支援にかぎられており、ＰＫＦへの参加は凍結されていた。さらに、派遣にあたって政府は、武器、弾薬、武装要員の輸送は通常任務としない、武器を使用する共同訓練には参加しない、などの条件を付していた。

一九九八年六月にＰＫＯ協力法が改正され、ＰＫＯ業務に従事する自衛隊員が自らを守るために武器を使用することについて、それまでは、個々の隊員の判断によるとしてきたのを、原則として上官の命令にしたがうなどの変更がなされた。また、国連が直接かかわらない活動についても、国際機関等が実施する救援活動にかぎって協力できるなどの改正がなされた。さらに、二〇〇一年一二月の再改正では、ＰＫＦ業務への参加凍結の解除、武器の使用基準に「自己の管理の下に入った者」をくわえ、他国のＰＫＯ要員や政府要人、国連機関の職員らを、事実上武器をつかって守れるようにした。

さらに政府は、日本のＰＫＯ活動を国際標準に近づけることを意図して、法律にもりこまれ、実際上ＰＫＦ業務への参加を不可能にしている、紛争当事者による停戦合意などのＰＫＯ参加の五条件をみなおし、さらに他国部隊の防護（警護任務）をくわえるなどの再改正を検討している。

因みに、自衛隊が国連平和維持活動（ＰＫＯ）に参加する前提条件としてＰＫＯ協力法に規定されるＰＫＯ五原則とは下記の事項である。

①紛争当事者の間で停戦合意が成立。
②当該地域の属する国を含む紛争当事者がＰＫＯの実施と日本の参加に同意。
③特定の紛争当事者に偏ることなく中立的な立場を厳守。
④以上三原則のいずれかが満たされなくなった場合には参加部隊を撤収。
⑤武器の使用は要員の生命等の防護のために必要な最小限のものに限る。

ＰＫＯについていくぶん長く説明したが、これは今後の国際的救援に日本がどのような形態で参加すべきかという、重要な問題を含んでいる。自衛隊は自己完結的な組織であり、緊急事態（基本的に軍隊における緊急事態とは、日本の場合、一連の有事関連法にあるように、内閣が武力攻撃事態と認識した時となる）に即応する能力は高い。そしてその目的は日本国家領域の防衛、すなわち「国家の安全保障」のための組織として存在する。

5 「国際社会」に生きる日本人として

これまで述べてきた「人間の安全保障」の理念を今後の国際人道支援活動の基本理念としてより一層重視するならば、軍隊を使用する国際救援、特に人道支援には常に適切なタイミング（長い期間にわたって軍隊が駐留しての人道支援は考えるべきでない）、また活動目的の明確化（人道支援なのか、それとも特に日本の場合、海外における自衛隊のプレゼンス増大を目指した政治的意図なのか）を常に検証しなければならない。これらを行う責任、義務は我々一人ひとりにもあるのである。

たとえば、鳩山由紀夫現政権は、インド洋における海上自衛隊の給油活動を終了させ、換わってアフガニスタンの民生支援に今後五年間にわたり約五〇〇〇億円規模の活動を行う旨表明した。右五〇〇〇億円は、予算の無駄を省くために連日のようにマスメディアが報じ脚光を浴びた「事業仕分け」によって捻出された約六〇〇〇億円強に迫る総額である。この五〇〇〇億円は機能不全、汚職、腐敗が報じられる現在のアフガニスタンのカルザイ政権の下で、いかに使われ、アフガンの人々の生活を向上させるのか。一方でアメリカが既に発表している農務省や財務省などから約一〇〇〇人の専門家を派遣、さらに二〇一〇年中にこの人員を二、三割増やして民生支援を強化するという活動との棲み分け、効率的な調整が行われるのか。アフガン戦争を統括する立場のアメリカ中央軍・アレン副司令官が二月一一日に日本のテレビのインタビューに応えて「道路や橋の建設などの民生支援に日本が積極的に関わることに期待する」と期待表明したことに添う形で、ハイチで行うような自衛隊を派遣しての重機使用の建設工事も含まれるのではないか。このようなことも、我々は、自らの税金の行方という意味のみならず、「国際社会」に生きる日本人の一人として、常に注視していかねばならない。

さらに、我々は得てして、自らを囲む世界が世界標準と考える。それは日本のみならず、全ての先進諸国においても言えることだが、人道支援を行う現地の事柄にあまりにも無関心である。

アフガニスタンで「龍を追う」といえば、アヘンを吸うことである。国連薬物犯罪事務所（ＵＮＯＤＣ）によれば、世界のアヘンとヘロインの八七％がアフガニスタンのケシ畑から産出されることが分かっている。このアフガニスタンにおけるケシの栽培と加工は年間二七億ドル（約二四〇〇億円）に達する。この金額はアフガニスタン経済の三分の一がこの麻薬産業に依っていることを示している。かつてケシ栽培はソ連支配（一九七九年一二月二七日、ソ連軍がアフガンに侵攻、親ソ政権を樹立した）に抵抗したイスラム教徒の民兵組織ムジャヒディンが武器を調達するための資金源としていた。それが現在では各地の軍閥やタリバン武装勢力が自らの資金源獲得の手段として活発に麻薬製造売買を行っている。

麻薬に加工されたケシは国外に密輸されるほか国内でも消費されていて、その量は毎年拡大し続けている。アフガンを覆う戦禍、タリバンによる厳しい宗教支配、荒れ果てた社会システムの中で、アフガンの人々自らが、かりそめの恍惚の麻薬に染まっていくのである。アフガンで問題となるのはアヘンのみではない、二〇〇五年の国連薬物犯罪事務所の調査によれば、イスラム教では、アルコールや薬物など酩酊をもたらすものの摂取が禁じられているのに拘わらず、アフガン国民の三・八％、成人男性の一二・一％が大麻、アルコール、アヘン、またはヘロインを常用している。さらにこのような際に利用される注射針を通じてＨＩＶ／ＡＩＤＳがさらなる蔓延を呼び起こしている事実もある。国連薬物犯罪事務所はアフガン政府とも協力して、二〇〇四年から医師、カウンセラーを派遣する等、薬物依存患者の社会復帰を助けるための事業をアフガンの六つの州で行ってきた。それ以前に政治的手段として二〇〇〇年一二月に安全保障理事会は当時タリバン支配のアフガンへの追加制裁決議一三三三を採択し、アヘン精製に使用される無水酢酸のタリバン地域への輸出を禁じていた。

しかし、最も重要なのは国連に何ができるのかではない。結局は国際社会全体がこのようなアフガンの現実を見据えた上で、アフガニスタンの人々自らが、自らの意思として、薬物から脱却し、自らの将来を選択したいという強い意思を持たなければならない。個人やコミュニティーの能力を伸ばし、人々が人生のあらゆる局面で、正確な情報に基づいた選択を行い、自らのための行動をとれるようにする。このことこそが、「人道」に基づく支援であり、本当の意味での国際的人道援助・救護活動の目的と我々は強く意識しなければならない。国連薬物犯罪事務所（UNODC）のアフガンにおける薬物対策プログラムの代表を務めるジェハンゼブ・カーン氏は言う。

「国連はこれらの事業を通じて、アフガニスタンの人々が問題を自らの手で解決するための方法を示しているにすぎません」と。

6　エンパワーメント（参画）とエンゲージメント（関わり）の重要性

二〇〇八年にロバート・レッドフォードが監督、主演を兼ねた映画「Lions For Lambs」（邦訳タイトル「大いなる陰謀」）を製作した。タイトルの「Lions For Lambs」は第一次世界大戦においてドイツ側が敵国英国兵士の勇敢（Lions）と指揮する将軍たちの無能さ（Lambs）を皮肉った言葉である。大学教授でかつてベトナム戦争反対運動に関わったレッドフォードが、アフガニスタンにおいて米軍の劣勢、政権に対する世論の支持率を打開するため、戦略的拠点となり得るタリバン支配地域に近い高地に監視拠点を置くという特殊作戦を推進し、そのことをかつて自らの将来性を記事にしてくれたジャーナリスト（メリル・ストリープ）に大きく取り上げさせようとする上院議員（トム・クルーズ）が登場する。しかし、本当の主役は、アメリカ社会の中でさまざまな差別を受けながらも優秀な成績を修め、教授の講義で、「アメリカのカリフォルニア州の高校一年生の七三％はミネソタ州の北隣の国の名を言えない（正解はカナダ）、自分の州の上院議員の名前を知らない、[*]私たちは何らかの形で国内を良くし、国際社会に貢献しなければならない」とプレゼンテーションを行ったヒスパニックと黒人の学生である。彼らは、この世の中を変えるために軍に志願し（このことは彼らにとって社会を変えるための最善の関わり——エンゲージメント Engagement と考えた）、上記の特殊作戦で命を落とす。大学教授は彼らのエンゲージメントの選択を他の手段に替えるべきだったのではと、ジャーナリストはなぜ、このような一人の優秀なエリート上院議員の欺瞞を暴けなかったのかと、ともに強い自責の念に駆られる。

＊アメリカの上院議員は一〇〇名で、各州二名ずつが州民によって選出される。下院議員は四三五名で、各州の配分数は、一〇年ごとにおこなわれる最新の国勢調査データにもとづく人口割による。

ここで語られるのは、「社会をより良くするためには、自らの満足と生活の快適さのみでなく、何らかの形で社会と関わり（エンゲージメント）を持ち、より良い社会に向けて参画（エンパワーメント Empowerment）すべき」ではないのか、という訴えかけである。この映画の基調となる社会背景は、イラク戦争、アフガン戦争に関わっているアメリカだが、このエンパワーメントとエンゲージメントは、国際人道支援・救護活動、国際的な開発協力活動（その社会自らの社会基盤のレベルを上げ、持続的な開発を可能とする協力、たとえば助産師が開発途上国のある村に一年以上の期間にわたって、母子健康保健活動を現地の人々とともに行うような活動）を行う際のキーワードとなっている。

たとえばネパールのある村、水道やトイレなども十全には整えられていないような村に、清潔なトイレを作ったとする。そのトイレの設備を作ったのみでは、一年後、そのトイレはトイレではなくなり、単なる廃屋か、村人が使う薪の倉庫になっている。しかし、トイレを村人と一緒に作り（エンパワーメント）、たとえば村の学校に通う子供たちに公衆衛生教育（ヘルス・プロモーション）を行って、清潔なトイレを維持し、使用すれば（手を洗うことの大切さも含めて）、回虫などによる栄養不良、下痢などの疾患から自らを守ることを理解させ、そのことを両親、村人に啓蒙していく運動を子供たちに起こさせること（エンゲージメント）ができれば、一年後も二年後もその村には清潔なトイレと水洗い場が維持されていくという実例がある。

ハイチの地震で、日本で報じられていないことがある。その言葉は、「レスタベク」（フランス語で「身を寄せる」restavec との意味）である。ハイチには「レスタベク」と呼ばれる「子供の使用人」が二二万五〇〇〇人いる。一八〇四年、世界で初めて黒人共和国を建国したハイチでは、もちろん「奴隷」は違法である。しかし、現実には他人の家族の使用人として住み込み、生活している子供たち「レスタベク」が存在し、大地震後の彼らは非人道的な現実に置き去りにされている。水を汲み、市場に買い物に行き、洗濯物を洗う、そのような日常が大地震後、そもそも「身を寄せる」他人の家族からも見放され、もちろん自らの本当の家族からは地震の前から見放されていた。

しかし、一つの社会が抱える、このような習慣は、単純に「人道的」、「非人道的」と割り切ることができないのである。カリブ地域では歴史的にも、人手が足りないときや、高齢者、病人などの世話のため、親戚同士の家族間で子供を貸し借りすることは、行われてきた。この慣行が「レスタベク」の起源である。ただ、現在は地方に住む貧しい家庭の多くが、より裕福な都市部の家庭に「使用人」として、子供を住み込ませるようになっている。一般的には子供は家事を手伝う代わりに衣食住を与えられ、半数近くの子供は教育も受けられている。しかし、不運にも慈悲深くない家庭の使用人となれば、教育どころか、ひどい虐待を受けている。米国国際開発庁*（USAID）の後援でハイチの「レスタベク」の現状を調査した汎米財団**（PDAF）が二〇〇九年一二月に発表した調査によると、ハイチの家庭の二二％に「レスタベク」の子供たちがいるという。そして、「レスタベク」がいる割合は、豊かな家庭でなく、逆にスラム街の家庭に多くの「レスタベク」がいるという。たとえばハイチの首都ポルトープランスのスラム街シテ・ソレイユでは四四％の家庭に、貸し出された幼い労働力「レスタベク」が存在する。つまり、もともと子供に教育を施すことが不可能な家庭に、さらに貧しい家庭から、労働力としての子供の貸し出しが行われているという悲惨な状況にある。当然に貧しい家庭の「レスタベク」の子供たちは、教育を全く受けることなく、虐待さえされることがあるという。

＊米国政府の主要な海外援助を担っている。世界の七二ヵ国にＵＳＡＩＤの在外事務所を有し、その主要な活動は、経済成長、貿易振興、農業開発分野、基礎教育、環境保護、ＨＩＶ／ＡＩＤＳ等の健康保健分野、紛争予防、災害救援を含む人道援助等と幅広い。

＊＊Pan American Development Foundation 一九六二年に創設された非営利団体。アメリカ政府機関と協力してラテンアメリカ諸国、カリブ海諸国への開発協力事業を行う。

自然災害の被害の中で、人的にも、さらには心の問題としても最も悲惨なことの一つに、家族が引き裂かれる（死亡、行方不明等）ことがある。つまり、家庭が崩壊し、社会の絆が崩壊するのである。ただでさえ貧弱だった子供たちへの教育、家庭の保護は、地震後一層ひどくなった。ハイチは二〇〇四年、〇八年にもハリケーンと洪水に見舞われた。災害のたびに最も多くの割合で路頭に迷うのは、「レスタベク」の子供たちであり、さらに女の子は男の子より従順ということで「レスタベク」の三分の二以上が女の子となっていることである。災害のたびに「レスタベク」となる子供たちは増えてきたが、今回の大地震ではその様子が大きく変化している。崩壊状態の首都ポルトープランスから多くの住民が逃げ出しており、「レスタベク」を受け入れる需要そのものが、崩壊しつつある。そして恐らくハイチを襲う次なる悲劇は、「レスタベク」としても受け入れられず、自らの家族からも見捨てられる子供たちの増加、結果としてストリートチルドレンがハイチに溢れることである。

問題は既に指摘したことに帰結するのである。教育を受ける機会、すなわち「選択の自由」を獲得するためのわずかな望み（もっとも最初から口減らしの意味で他家へ子供を貸し出す場合も多いが）を託して「レスタベク」がハイチに社会慣習として存在する状況、それは二つのことを意味している。つまり満足な社会的システム（基礎教育、基礎的保健医療へのアクセス等）を公的にハイチ政府が整備できないというガバナンスの欠如を示している。もう一つの点、それはより重要である。このようなガバナンスの欠如、社会のセイフティーネットの未整備に拘わらず、ハイチの人々は子供になんらかの機会、具体的にはたとえ他人の家における使用人という立場でも衣食住が確保され、このような人生から抜け出せる機会、教育を受けさせたいと願っているということである。

ハイチの人々は、このような願いを子供たちの「人権」を守るとか、子供たちの「人道」的待遇を求めるという概念で括ってはいないだろう。それは彼らの親としての子供への願いであったり、子供たちの運命に対する嘆きの感情であったりするかもしれない。しかし、それは紛れもなく、人間の根源に根ざす願いと嘆きであり、このような願いと嘆きを、我々の世界全体が担うべきこととして理解し、考え、何らかの関わりを持つことこそ、「人道」に自らが参画（エンパワーメント）し、関わる（エンゲージメント）ことなのである。

既に説明した世界各国一八六国に存在する赤十字社及び赤新月社の連合体、国際赤十字・赤新月社連盟（ＩＦＲＣ）が毎年発表する「世界災害報告」（World Disasters Report）は世界で被災する人々の状況を包括的にレポートする、貴重な資料である。最新の「世界災害報告二〇〇九年版」によれば、一九九九年から二〇〇八年までの間、自然災害（飢餓、地震、熱波、洪水、森林火災等）で命を落とした人々の数を地域別でみると、アフリカ一万四、三八一人、南北アメリカ五万三、八五九人、アジア九七万五、九八四人、ヨーロッパ一〇万一、〇一五人、オセアニア五七三人となる。これを、合計数値は異なってくるが、先進諸国、新興諸国、開発途上国別にみると、先進諸国九万三、八七四人、新興諸国七三万四、七九三人、開発途上国三二万七、一四五人となり、総計では一、一四万五、八一二人の人々がさまざまな自然災害等で命を落としている。この数値を見て明確にとらえることができる傾向は、新興諸国、特にアジアを中心として、都市化が進んでいる地域における自然災害による犠牲者の多さである。このようなことを考えると、日本自身が抱える防災の脆弱性の議論はさておき、アジアの中の日本として、これほど多くの人々が貴重な命を落とす、アジア地域における防災能力の向上、人道的救援・救護活動に果たせる日本の立場はいくら意識しすぎてもすぎることはない。このような地政学的地位にいることは、我々が今後の人道への関わりにおける日本のありようを考える際の大きな要素になろう。

7　グラミン銀行

もうひとつ、あまり知られていない事例を示したい。それは「マイクロファイナンス」（無担保小口融資システム）である。この言わば「貧者の銀行」が注目されたのは、バングラディシュのチッタゴン大学の教授であったムハンマド・ユヌス氏が一九八三年にマイクロファイナンスを特に女性の最下層民を中心に行う「グラミン銀行」を創設してからである。グラミン銀行の特色は、そのほとんどが貧しい、女性の借り手によって成り立っていることである。借り手であるこれら貧しい女性が銀行の総資産の九〇％を所有し、残り一〇％はバングラディシュ政府が保有している。二〇〇九年五月現在の状況は、銀行の借り手総人数は七八七万人を超え、二〇〇三年の三一三万人の二倍以上にもなっている。また大都市でなく、農村部にそのネットワークの多くをおいている。二〇〇九年五月現在、銀行の支店がある村は二〇〇三年の四万三、六八一村から八万四、三八八村まで増加し、二、五五六の支店に二万三、四四五人以上がおり、グラミン銀行は約八〇億七〇〇〇万ドルを主として女性たちに貸付け、約七一億六〇〇〇万ドルは返済されており、一九九八年の返済率九五％から現在では九七・六％の返済率になったとしている。

グラミン銀行はバングラディシュという、たとえば毎年低地の中洲に形作られた国土のため洪水に襲われ、その結果として、住民の日常使用する井戸水に砒素が含まれるという劣悪な環境の中で子供を育てて行かねばならないような国のマイクロクレジットとして、特異な特色を備えている。女性に貸し付ける方が返済が多いということも、女性こそがその家庭の生活の安定を最も強く願っており、ましてや子供たちの未来を考えているという認識であり、かつ通常女性一人に貸し出すというより、連帯保証という制度ではないが、グループへの貸付を行い、お互いが自立に向けての努力を促すような貸付を行っている。グラミン銀行は一六の原則を貸し手にも求めているが、その幾つかを列記してみると、この銀行が自らの参画（エンパワーメント）と関わり（エンゲージメント）とを持つことにより、自らの人生を変えていっている多くの姿が浮かび上がってくる。

マイクロクレジット、特に貧困層の女性たちに焦点を当てているグラミン銀行は、「一六の決意」というものを掲げている。幾つかを記述すると――

・私たちはグラミン銀行の四つの原則に従い、私たちの人生のあらゆる歩みの中でこれを推進する。――規律、団結、勇気、そして勤勉。
・繁栄は家族のため。
・私たちは家族を増やしすぎないようにする。支出をおさえ、健康に気を遣う。
・私たちは子供たちを教育し、子供たちが自分の教育費を払えるよう保証する。

・私たちは常に子供たちと周囲の環境を清潔に保つ。
・私たちは息子の結婚式で持参金を貰わず、娘の結婚式にも持参金を持っていかない。私たちのグループは持参金の呪いから距離をおく。私たちは幼年での結婚をさせない。
・私たちは不正なことをせず、また他人に不正なこともさせない。
・私たちはつねにお互いに助け合えるよう用意する。もし誰かに困難があれば、私たちは全員で彼または彼女を助ける。
・もしどこかのグループが破綻しそうだとわかったときは、私たちはそこへいって回復の手助けをする。
・私たちはすべての社会活動に共同で加わる。

以上のグラミン銀行の「一六の決意」の主要なところを幾つか記載したが、つまり投機や金儲けのためにグラミン銀行というマイクロクレジットの融資を受けるのでなく、自らの生活を持続的に向上させ、相互扶助の気持ちを、融資を受けたグループが共有し、実践すること、そして何よりも自らの社会の未来を担う子供たちに教育と基礎的保健医療へのアクセスを確保することを目的としてグラミン銀行から融資を受けるということである。

実際にほとんどすべての借り手が学齢に達した子供を入学させるようになった。つまりバングラディシュの社会の変革を実現しているのである。さらに融資は金持ちのためでなく、土地なしか、〇・五エーカー未満の土地しか持っていないことが条件となっている。融資のさい顧客五人による互助グループをつくることが条件とされる場合がほとんどだが、これは連帯保証を意味するものでなく、お互いに返却を助け合うことによって返済を促進させるというものである。

非常に興味あることに融資に際して法的文書を作ることはない。「信頼」がすべての基礎となっていると銀行は考えている。グラミン銀行は、融資以外にも不慮の災害や事故が起こることに備え、「緊急基金」や「グループ基金」の形で預金することを融資先メンバーにすすめている。つまり、貧困層がより良き状況に至るための融資、そして非日常に起こりうる災害や不慮の事故に対応する基金の双方に対応することを目指しているという点で、極めてユニークなマイクロクレジットといえる。

バングラディシュでは、通常の銀行の場合、職業を持たない女性（そのような場合がほとんどだが）、土地等の担保を持たない女性に融資を行うことはない。マイクロクレジットのグラミン銀行はまさにこの逆を行っており、借り手の九七％が女性である。そして、グラミン銀行の融資のおかげで、五〇〇〇万人近くのバングラディシュの顧客の半数以上が「絶対的貧困*」から脱出し、学齢期の子供は全て学校に通い、全ての家庭が一日三回食事し、清潔な水を飲み、衛生的なトイレと雨漏りしない家を持ち、ローンを定期的に週に三〇〇タカ（約三三〇円）返済できるようになっているという。

＊二〇〇〇年度の国連『人間開発白書』によると、一日一ドル以下で生活している絶対的貧困層は、一九九五年の一〇億人から一二億人に増加しており、世界人口の約半分にあたる三〇億人は一日二ドル未満で暮らしている。

このマイクロクレジット――特に社会の中での最下層に置かれた女性たちの自立と継続的な社会参画とその子供たちへの基礎教育へのアクセスを確保していく活動――に対して、「グラミン銀行」には二〇〇六年一〇月一三日に創設者ムハンマド・ユヌス氏とともにノーベル平和賞が与えられた。受賞理由として指摘されたものの中心は「底辺からの経済的及び社会的発展の創造に対する努力である」。これはノーベル平和賞の歴史の中で初めて「企業」がノーベル賞を受けたもので、大きな注目をあびた。ノルウェーのノーベル平和賞委員会の議長オーレ・ダンボルト・ミョース教授は、グラミン銀行の受賞について、「イスラム世界との対話に、女性に対する人々の見解に、そして貧困に対しての戦いに多くの人々の注意が向けられることを望んでいる」と述べた。

もちろん、批判もある。たとえば、『ウォール・ストリート・ジャーナル』紙は二〇〇一年一一月にグラミン銀行の提供しているローンの五分の一は一年以上返済期限を過ぎており、同銀行の使用する返済率の計算基準に疑問を呈している。一方で世界銀行は「マイクロクレジットは女性が財産を管理することで、参画（エンパワーメント）する力を持ち、意思決定能力を向上させた」と述べている。

いずれにしろ、このように現地の社会制度、人々、特に脆弱性が高い人々が多く存在する国、地域の問題を考える場合、その現地の実情をよく考慮しなければならない。たとえばグラミン銀行の金利は低金利を謳っているのに二〇%であり、日本におけるノンバンク系金融機関のグレーゾーンが撤廃された場合の最大年率二〇%と大差なく、低金利融資でないとの批判がある。これはバングラディシュの実情を考慮していない批判である。バングラディシュにおける貧困層向け融資の通常の金融機関の金利は年率一〇〇%から二〇〇%、また物価上昇率は二〇〇五年の場合一〇・三%（日本は〇・六%程度）である。このような実情を考慮すれば、金利は低く、かつグラミン銀行のローンは複利でなく、単利であり利子の総額が元本を上回ることがないことを考えれば、マイクロクレジットというべきである。

二〇〇三年からグラミン銀行は、それまでバングラディシュの社会から完全に排除されていた「物乞い」のみを対象とする貸付を始めた。これはこれまでのグループ貸付の手法を採らず、これまでより小規模な融資を中心とし、返済期間も借り手に設定させる。ローンは完全に無利子で、「物乞い」を止めることも強制しない。ただ、グラミン銀行から融資を受けていることを示すバッジをつけるように慫慂している。グラミン銀行によれば、〇三年からこれまで一〇万人以上の「物乞い」が九五〇〇万タカ（約一億四五〇〇万円）を借り、六三〇〇万タカ（六三九〇万円）が返済されているという。

このように分かちがたくガバナンス（統治の状況、政治状況）とその下での経済は結びつき、その地に、その国に住む人々の運命を支配する。運命とは、その人の持つ運ではなく、どのような人権状況、どのように非人道的な扱いから保護されるのかという、その人の持つ人生のありようである。人は生まれながらにして、幸福とは限らない。豊かな、統治がゆきとどき、社会的保障制度も整い、自らの政府を信頼して、自らの人生のありようを選択して生きることができる人間がいる。しかし、地球上の多くの人間は、そうではない。「選択の自由」を奪われ、自らの固定化された階層、社会の中でその生を終える者の方が圧倒的に多いのである。これを非人道的な世界でなくて、なんと理解すればよいのであろう。このような人々に共感を示し、何らかの行動を起こすこと、それこそが「人道」的な行為であると私は確信する。

8 戦争の誘惑──我々の内に潜む女神ベローナ

ベローナ（Bellona）はローマ神話の戦争の女神。軍神マールスの妻であるが、母とも娘とも姉妹ともされている。手には松明《たいまつ》と武器を持ち、マールスの乗る戦車を御している姿での彫像が多く残っている。

戦争は国家と分かちがたく結びついている。外交的手段によって、諸国間の紛争が解決を得られないとき、国家は「国家意思の最終貫徹手段」として戦争に訴えることは、かって国際法上正当なことであった。現在でも、「侵略戦争」は全面的に正当性を持たず、国際法上違法とされるが、一方で「安全保障理事会」の決議により、国連の集団的安全保障の強制的措置として、国連憲章違反を犯した国家に対して武力行使を行う場合、自国防衛という自衛のための武力行使（これにはあくまで、不当な武力による侵害を防ぐに足る自衛の武力行使として均衡したものが求められる。侵害の武力行使をはるかに凌駕する自衛の武力行使は禁じられる）、さらには軍事同盟関係にある国の自衛行為に協力する形での武力行使、以上の三つが現代国際社会の国際法において許容されている武力行使、戦争の形態である。

国際社会はさまざまな矛盾、現実の主権国家が有する自決自助の決断により、現代において世界で最もハードパワー（経済、軍事、国土面積、人口等）とソフトパワー（他国の人々を魅了するもの、留学生の多さ、映画、音楽、そしてその教育・研究レベルの高さ等）を有する国、アメリカでさえ何十万の兵員をもってイラク、アフガニスタンで現に戦争を行っている。

この現実は何を意味するのか。「人道」の心を人間性（Humanity）の中に広く啓蒙し、この情報技術の力を利用して広く人々に現実の人的被害の実情を知らしめる一方、数多くの国際的人道援助・救護活動を行う機関のほとんど自己犠牲にも等しい活動をもってしても、戦争は終わらず、現代の戦争において戦争犠牲者、戦争避難民となるのは九〇%以上が無辜《むこ》の一般住民である。時に国際的人道援助・救護機関は自らの無力感にとらわれないのか、それとも冷徹なリアリストで、「助けるべき人を助ける」という自らの使命に徹しているのか。これら幾つかの私の疑問は、時に正鵠《せいこく》を得ており、時に的を外れているだろう。

戦争という問題に限れば、最近惜しくも交通事故で亡くなったアメリカを代表するデイヴィッド・ハルバースタムは、ベトナム戦争におけるニューヨーク・タイムズ特派員時代を描いた初期の名著(一九六四年のピュリッツァー賞を受賞した)『The Making of a Quagmire』(邦訳「ベトナム戦争の泥沼から」)においてこう述べている。

「ベトナムにおける、アメリカの任務は高い理想主義で始まった。それはいくつかの理由で失敗した。これは善意が欠けていたためでもなく(時には忍耐が多すぎた)、誤りの遺産が余りに多く、死がずっと以前に宣告されていて、アメリカがインドシナの現実を直視できなかったためであり、われわれがひどく複雑な重大な挑戦に決まり文句で答えたためであった。(中略)それは世界をあるがままに見るのでなく、我々が望むように見るということの古典的な例であった」と。これは、一九六五年の著作である。

以上の言葉の幾つかは現在のアフガニスタンの戦争にも当てはまる、かつてのベトナム戦争のフランスは、アフガンから撤退したソ連かもしれないし、ベトナムの複雑さとアフガンの複雑さを比較すれば、むしろアフガンのほうがその宗教性も含めて驚くべき複雑怪奇さを示している。そしてカルザイ政権の腐敗は、ベトナム戦争当時の南ベトナムのゴ・ジン・ジェム政権の腐敗に勝るとも劣らない。

フランスの哲学者的なジャーナリスト、ロジェ・カイヨワ（一九一三―七八年、五二年からギリシャ時代の哲学者ディオゲネスの名からユネスコが創刊した、人文科学的学際的雑誌『ディオゲネス』編集長を務めた）はその著『戦争論』の中で、一つの逆説的な感想を戦争について述べている。「もし人間の社会的不平等が法制化され、祭礼、習慣、法律によりそれが維持されれば、一般的に言って、戦争は限定され、作法を重んじ、流血の少ない、遊戯あるいは儀式のようなものとなる。しかしながら、もし人間が権利上平等であり、公の仕事に平等に参与している場合には、戦争は、無制限で仮借なき大量殺戮戦にかわっていく傾向を持つ。現在までのところ人間は、一方で社会的平等を実現しながら、その一方で戦争を流血の少ないものにしてゆくという、この両方の面に同時に成功することはできなかったといえよう」。

これは幾分か逆説的めいて聞こえてくる論理であるが、戦争がかつて王の貴族と傭兵とによって戦われていた時代、封建制において、人間の平等はもちろん実現していなかった。一方で戦争は、戦士の仁義と戦士の誉れの意識が強い中で戦われるとともに、出来る限り自らの軍の犠牲者を少なくする意図が働いていた。ましてや、戦争に関わりない、農民や、都市の居住者に戦禍が及ぶことがなかったということをさす。それがナポレオン戦争の時代に至り、戦争は徴兵を伴う国民戦争の様相を帯び、国家間の戦争となり、その暴力性と殺戮性を強く持つものとなったということである。そしてその端緒として起こったフランス革命は「自由」、「平等」、「博愛」を掲げていたのである。しかし、これはナポレオン戦争前の戦いに「人道」的側面が多かったということでなく、「人道」の概念、「人道」的活動を持ち込む必要がなかったということにすぎない。度を越さない尚武の誉れが存在する戦争があったということである。逆に、自らの意思が全面的に戦争に参加していくことを望んでいなくても、兵士として戦場に立たされ、そして殺戮の中に巻き込まれた兵士は、その戦闘を行うことが出来なくなった際には、一人の人間に戻るのであり、「人道」的に遇されるべきだということを、逆説的に補足する論理と言える。そして、それが現在の戦争においては兵士のみでなく、より戦争の惨禍に巻き込まれる一般住民こそ、主たる「人道援助・救護活動」の対象として見据えるべきなのである。

9　戦争を考える

戦争は文明と別のものという命題に疑いはない。しかし、戦争と国家は分かちがたく歴史の中でその一体化した存在を示してきており、戦争により国家はその総力を結集し、戦争に対応してきた歴史を有する。そのとき、多くの国民が戦争に嫌悪や、反対の意思を示すのでなく、高揚感、敵愾心《てきがい》を抱いたのである。でなければ、日本においても十五年戦争といわれる日中戦争や、合理的に判断すればパールハーバーへの艦載機による奇襲攻撃から、アメリカによる原子爆弾による広島・長崎への過酷な結果、かつ沖縄を焦土とし、日本のほとんどの都市がその機能を失うまでの限定的な焼夷弾爆撃の渦中を耐え抜き、国家を存在させたものとは何であろう。

一九四一年一二月八日の日本海軍の航空母艦四隻から発進した艦載機による、ハワイ真珠湾攻撃のニュースを聞いて、多くの日本人は狂喜した。たとえば、人間性あふれる精神で病んだ妻との愛を詠った当時の代表的な詩人にして彫刻家の高村光太郎（一八八三―一九五六年）は、かつてアメリカとフランスで彫刻を学んだが、戦争の熱烈な支持者としての詩を書いた。それは次のように始まる（『日本人の戦争』ドナルド・キーン著）。

記憶せよ、一二月八日。
この日世界の歴史あらたまる。
アングロサクソンの主権、
この日東亜の陸と海とに否定される。
否定するものは彼等のジャパン、
眇《びょう》たる東海の国にして、

また神の国たる日本なり。
そを治しめたまふ明津御神なり。

キーン氏の『日本人の戦争』によれば、アングロサクソンに対する敵意は、ニュヨーク留学中に受けた人種差別に由来するものとされている。「ジャップ」と呼ばれ、自分の国を「にっぽん」の代わりに「ジャパン」と呼ばれるのを耳にして高村は憤慨した。こうした体験は激しい憎悪とまでは行かなくても、高村が抱いた憎しみの理由になるかもしれない。

しかし、もう一人の詩人、野口米次郎（一八七五―一九四七年）は、世界的に著名な彫刻家となったイサム・ノグチの父だが、高村光太郎のようにアメリカで受けた扱いに恨みをもつ理由はなかった。一八歳でアメリカに渡り、詩人のホワーキン・ミラーと出会い、サンフランシスコの詩人たちに紹介をしてもらった。野口はアメリカ女性と結婚し、数多くの英米人の友人を得た。しかし、この野口でさえ、そしてアメリカと日本の国籍を持つ詩人でさえ、戦争勃発後に作った詩には異常な敵意が西洋に対してむき出しになっている。その一つの詩のタイトルは「屠《ほふ》れ米英われ等の敵だ」である。

『屠《ほふ》れ米英われ等の敵だ』で町は溢れる、
私もこれを叫ぶ、声を嗄らして叫ぶ、泣きの涙で叫ぶ。
私の若い一二年間を養って呉れた国だもの。

亡恩行為だって、国家の運命に替えられない、
昔の英米は私に正義の国だった、
ホイットマンの国だった、
ブラウニングの国だった、
然るに今は富の陥穽に落ちた放蕩者の国、
見てはならない夢を漁る不倫の国――

詩は続けて、いま米英時代の友人が彼に会ったとしたら「国と国との戦争だ、僕等の友情は破れるには神聖すぎる」というであろうと書き、その友人の訴えに対して、野口は詩の最後で次のように応える、「友情もろ共、君たちもずばりと屠って見せる！」。

このように英米に激情的な憎悪を示したのは詩人ばかりでない。英米文学を学んだ伊藤整（一九〇五―六九年）、彼は一二月八日の日記に書く。

「感想――我々は白人の第一級者と戦う外、世界一流人の自覚に立てない宿命を持っている。はじめて日本と日本人の姿の一つ一つの意味が現実感と限りないいとおしさで自分にわかって来た。」

伊藤整は極めて理知的な文学者であった。小樽高等商業学校、一橋大学の前身、旧制東京商科大学で経済学、英文学、フランス文学を学び、緻密な『日本文壇史』一八巻を完成させている。

一二月九日に書かれた彼のエッセイは、さらに彼の心情をあからさまに示している。

「……昨日、日英米戦争が始まっている。今後何年続くかもしれぬ大和民族の歴史上はじめての、そして最大のこの戦争（中略）私は『ハワイ真珠湾軍港に決死の大空襲を敢行』という見出しなどを見て、全身が硬直し、眼が踊ってよく読めないのであった。（中略）

そして、そのことを、私は、地下室の白い壁の凹みによりかかりながら、突然全身に水をかけられたように覚る思いであった。そうだ、民族の優越性の確保ということが我々を駆り立てる、これは絶対の行為だ、と私は思った。これは政治の延長としての、または政治と表裏になった戦争ではない大和民族が、地球の上では、もっともすぐれた民族であることを、自ら心底から確信するためには、いつか戦わなければならない戦いであった。

私などは（そして日本の大部分の知識階級は）一三歳から英語を学び、それを手段として世界と触れ合ってきた。それは勿論、英語による民族が、地球上のもっともすぐれた文化と富とを保有しているためであった。その意味は、彼等がこれまで地球上の覇者であったということだ。この認識は私たちの腹にしみ込んでいる。そしてこの認識が私たちの中にあるあいだ、大和民族が地上の優秀者だという確信はさまたげられずにいるわけには行かなかった。（中略）私はこの戦争を戦い抜くことを、日本の知識階級人は、大和民族として絶対に必要と感じていることを信ずることができる。私たちは彼等の所謂『黄色民族』である。この区別された民族の優秀性を決定するために戦うのだ。ドイツの戦いとも違う。彼等の戦いは同類の間の利害の争いの趣があるが、我々の戦いはもっとも宿命的な確信のための戦いと思われる。」

これらの感情、言わば「英米からの重苦しい呪縛、覆う空気」から解き払われ、大和民族、ないしは自らの文化、民族の誇り、矜持という強烈な感情に回帰していく様は多くの文学者、知識人に見られた現象である。それも英米の文化を知り、ないしは留学、そして生業とする人々にも見られたことなのである。

もちろん、ジャーナリストの清沢洌《きよし》（一八九〇―一九四五年）の『暗黒日記』、東大仏文科の教授で戦後に活躍する多くの才能豊かな作家を教えた渡辺一夫（一九〇一―七五年）の日記、そして軍人を嫌悪し、情緒の欠片もなく戦争賛美を叫ぶ人々に倦んでいた永井荷風（一八七九―一九五九年）の『断腸亭日乗』のように冷静に、かつ戦況の見通しに当初から暗い予測を持ちながら日記を綴った知識人も存在した。

清沢氏は次の三点を指摘して、戦争賛美の理由を指摘している。

「戦争は不可避なものと考えている」

「彼らは戦争の英雄的であることに酔う」

「彼らには国際的な知識がない」

恐らく過去を顧みても、未来を予測しても一九四一年から一九四五年の五年間ほど日本にとって歴史的な、国民に絶望と希望と、価値の転換と、言説の変遷が起った歳月はなかった。戦争は、悠久の歴史を有する国にも、国際情勢の変化により生まれたばかりの新興国にも、その運命に決定的な影響を与えるとともに、その国の人々、その地域の人々に過酷な日々を強いるのである。

上記に指摘した三点の条件は、相乗効果を発揮し、戦争が避けがたいものになることは歴史が証明している。言い換えれば、「戦争以外にこの状況を打破するものはない」、「戦争における勝利は国民を一致団結させるに最も効果的なものである」、「戦争に突入するとき、多くは国際情勢に対する無関心ないしは思い込みが広く政治指導者にも国民にも見られる」ということである。

戦争は一切の虚偽、見せかけ、欺瞞を抹消する。原始的な力の噴出を招き寄せ、文明という上塗りは引き剥がされる。つつしみをかなぐり捨てた人間が、そのほんとうの姿を現す。社会と法によって抑制されていたものが本能として露《あらわ》にされる。ひとたびこの深遠にある人間の粗暴さに立ち戻った人間は、一撃の下に仕来りや慣習を打ち砕く。

現状において戦争の諸々の条件は、科学技術の進歩、国々の大きさ、その生産能力、政治構造の強固さ、イデオロギー・文明・宗教観の相違などによって規定されていく。これらは戦争を法外なものにしていき、戦争に非人間的な広がりを与え、戦争に得体の知れない、盲目的で、組織的で、残酷かつ不均衡な容貌を与える。そして、最も無力感にとらわれる者、それは個人である。個人というものが如何ともし難いほど無力な者として、無意味な者として存在させるのが戦争である。

この個に焦点をあてること。このことこそ、「人道」の本質と私は考える。「個」とは「人間性」であり、「喜び」と「苦痛」を感じることができる者である。「戦争犠牲者」の苦痛を少しでも軽減すること。それも敵、味方の差別なく救うこと、それこそアンリ・デュナンが創設した「赤十字」運動の基本である。しかし、戦争の形態が大きく変化し、ルワンダにおいてツチ族とフツ族が鉈《なた》で五〇万人を殺戮しあうような部族間の憎悪をあぶり出すようなものから、旧ユーゴの崩壊に伴ってセルビア共和国軍が自らのコソボ自治区のアルバニア系住民を組織的に殺戮し、「民族浄化作戦」として世界に広まったものまでがある。我々がよりどころとする「人道」の形態、対象とすべきものは変化しているのか。その答えはより、原点に向かっていると言えよう。我々が対象とする戦争避難民の数が何万人であろうと、我々が対象とする被災民が何十万人に上ろうと、我々は常に「個」、それぞれ肉体的状況も、年齢も、性別も、置かれた環境（家族と一緒か、それとも引き裂かれているか等）もすべてが異なる「個」に焦点を当てなければならない。

戦争、自然災害でも最も脆弱な人間として存在するのが「個」である。世界最大のネットワーク組織を持つ、組織としての赤十字の対象は常に苦痛に遭遇している人間一人ひとりであるという、この譲ることができない原則がある。

人道組織を経済論的に見れば、我々はマスである一般市民に訴えかけてより多くの救援金、義捐金を集める。そして、組織としての赤十字は、一人ひとりの人間にその苦痛の状況に応じて、できる限りその苦痛を軽減するために有効に利用しなければならない。つまり、この世界で消えつつある、「個としての人間」を必死で守ろうということが、現在の「人道」活動の基本に据えられるべきであり、この基本がなければ、「人道」なき「人道団体」となるであろう。

この「個」に対する姿勢、それを支えるものは、当初「博愛主義」と呼ばれたものかもしれない、時にそれは「人間性のモラル」と呼ばれたものかもしれない。しかし、その「個」に対する姿勢を生み出すものは、あらやる歴史、文化を貫通し存在しうる「他者」へ「共感共苦」する我々自身の存在なのである。

「人道」という言葉にユートピア的な意味合いを込めることがある。つまり深く「人間性のモラル」に信頼をおき、「人道」が有するこれら「ユートピア的思想」や「人間性のモラル」が非人道的行為を防止し、憎悪の連鎖を断ち切ると考えることはできない。

私は、赤十字の「人道」はきわめて現実的な世界のみにおいて深い意味合いを有するようになるものと考える。戦争であろうと、国家の崩壊というカオスの中であろうと、自然災害であろうと、これらの犠牲者を援助するという現実の世界、この世界の領域のみにおいて「人道」はその意義、意味合いを深く発揮する。逆説的に言えば、戦争が現実世界において存在するように、「人道」も常にこの現実世界に存在しつづけるのである。

あとがき

赤十字発祥の地、スイスに来ている。

スイスが誇るスイス鉄道で、国連欧州本部や、その他の三〇以上の国際機関が集中して存在するジュネーブから一時間三〇分ほど列車に乗れば、首都ベルンに着く。わずか九州ほどの面積のこの国で、フランス語圏のジュネーブからドイツ語圏のスイスの首都ベルンとなる。ジュネーブの街並みの中で聴かれる言葉はフランス語で、ベルンの街並みの中で聴かれる言葉はドイツ語である。人口は約七五八万人、そのほぼ五分の一は外国人労働者とその家族が占める。ここに見られる姿は、多様性の中でいかに豊かな国づくりをし、人々の幸福を追求し、そして公平な社会を作ればよいのかの一つの答えである。

もちろんスイスにも人種偏見、外国人排斥の感情、不公平な社会システムは存在する。問題もあるが、ドイツ語圏、フランス語圏、イタリア語圏、ロマンシュ語圏の四つの言語圏と強い郷土意識、自治意識を持つ二三の「カントン」と呼称される「州」をつなぎとめ、連邦国家として、そして永世中立の国家として存在し続ける、その源は何か。私は、それを「自らの意見を述べることへの尊重」、「他者への寛容」、そして「強大な中央権力を有することを避ける政治システム」にあると思う。

「自己責任において意見を有し」、「他者へその意見を延べ」、「そして共感賛意を得て」、一つのプログラムや改革を会社、学校、社会で行うことの大切さ、そして現実にそれが行われている実例を何度もこの国で見聞した。

誤解を恐れずに言えば、我々は、実は権力、それも強く中央集権的なものに身を委ねることが、本当は心地よいのではないか。そうすれば最も安心で、損をしない人生をおくれるのだと考えているのではないか。そして、社会がうまく機能せず、何か問題があれば、それは政府や自らが住む自治体の責任と考えることに慣れてしまっているのではないか、私は時にそう思うのである。

「個」を大切にするというのは「利己主義」の真逆でなければならない。「個」を大切にすることは、「他者」を大切にし、その「他者」との絆から生まれる我々自身の社会を大切に築き上げるということである。

戦争と分かちがたく存在する「人道」を考えるとき、時に「他者」への「偏見」、「差別」、「無理解」から戦争は実際に起こりうるのである。

ここで、今もって日本の安全保障に重大な影響を与え続けている朝鮮半島に起こった「朝鮮戦争」を考えてみよう。アメリカの優れたジャーナリストであったデイヴィッド・ハルバースタムは最後の著作として朝鮮戦争を深く掘り下げ、可能な限りの文献とインタビューに基づく『The Coldest Winter-America and the Korean War』の大作を遺した。その中で、朝鮮戦争の一つの原因として当時の「アメリカ人固有のほとんど無意識の人種差別」を指摘している。アジア人は小さくて、産業や軍事的能力も当然に劣っていると考えた。ひとたび第二次世界大戦に勝利したアメリカ軍が朝鮮半島に関与すれば、スターリンのソ連も、毛沢東の中国も手出しはしない。そして三八度線を越えた北朝鮮の軍隊は恐れをなして引き下がると考えた。しかし現実は、戦争の惨禍は朝鮮半島を南北にまるでローラーのように動きまわり、数百万の人々が犠牲となり、結局元の朝鮮半島の一つの民族を分断する三八度線に舞い戻り、二〇一〇年の二一世紀の現在になっても民族が分断された朝鮮半島に二つの国家が存在するのである。

そして六〇年代、七〇年代に至り、ベトナム戦争でも同じようなことが起こったのである。泥沼のようなベトナム戦争になっても、当時のリンドン・ジョンソン大統領は国家安全保障会議で「ベトナムはおんぼろな、のろまの四等国」としばしば発言している。

他者への無理解、自らへの思い上がり、そしてかくあるだろうという希望的推測、これら間違ったことがらが、政治指導者から国民に蔓延したとき「戦争」は起こるのである。そして、他者への共感共苦、自らのなすべきことへの強い意識、そしてこうあってはならないという高い倫理観、それらが「人道」を支えていると、このスイスにいて強く意識した。

いつもながら、私を支えてくれる家族に何よりも感謝したい。そして出版の機会を与えてくれた藤原書店の藤原良雄社長、そして編集を担当してくれた山﨑優子さんにつきることのない感謝の思いを持ち続けている。

二〇一〇年三月　スイス、ベルンにて

小池政行

主要参考文献

M・イグナティエフ『仁義なき戦場──民族紛争と現代人の倫理』真野明裕訳、毎日新聞社
井筒俊彦『イスラーム文化──その根柢にあるもの』岩波文庫
H・M・エンツェンスベルガー編『武器を持たない戦士たち──国際赤十字』小山千早訳、新評論
R・カイヨワ『戦争論』秋枝茂夫訳、法政大学出版局
加藤周一『加藤周一対話集 第五巻　歴史の分岐点に立って』かもがわ出版
D・キーン『日本人の戦争　作家の日記を読む』角地幸男訳、文藝春秋
K・v・クラウゼヴィッツ『戦争論』上・下、篠田英雄訳、岩波文庫
D・グロスマン『戦争における「人殺し」の心理学』安原和美訳、ちくま学芸文庫
小池政行「悪魔の兵器を根絶するために──特定通常兵器禁止に向けて日本ができること」、『世界』二〇〇二年九月号、岩波書店
国際行動センター・劣化ウラン教育プロジェクト『劣化ウラン弾　Metal of Dishonor Depleted Uranium──湾岸戦争で何が行われたか』新倉修監訳、日本評論社
スタンダール『パルムの僧院』上・下、生島遼一訳、岩波文庫

H・スモール『ナイチンゲール 神話と真実』(原題"Florence Nightingale : Avenging angel"「フローレンス・ナイチンゲール 復讐の天使」) 田中京子訳、みすず書房
赤十字国際委員会(ICRC)作成資料「Discover The ICRC」二〇〇五年九月
赤十字国際委員会(ICRC)作成資料「Education Modules for young People」「Exploring Humanitarian Law」二〇〇九年一月
赤十字国際委員会(ICRC)駐日事務所作成資料「紛争地域における人道援助機関要員の安全確保と危機管理ガイドライン――STAYING ALIVE」二〇〇九年
A・セン『人間の安全保障』東郷えりか訳、集英社新書
G・ダンドロー『NGOと人道援助活動』西海真樹・中村愛子訳、白水社
H・デュナン『赤十字の誕生――ソルフェリーノの思い出』木内利三郎訳、日赤サービス
L・トルストイ『セヴァストーポリ』中村白葉訳、岩波文庫
人間の安全保障委員会「安全保障の今日的課題 人間の安全保障委員会報告書」朝日新聞社
J・バッカー『イラク戦争のアメリカ』豊田英子訳、みすず書房
D・ハルバースタム『ベスト&ブライテスト』上・中・下、浅野輔訳、朝日文庫
D・ハルバースタム『ベトナムの泥沼から』泉鴻之・林雄一郎訳、みすず書房
東野真『緒方貞子 難民救援の現場から』集英社新書
R・ブローマン『人道援助とそのジレンマ』高橋武智訳、産業図書
A・ポリトコフスカヤ『チェチェン やめられない戦争』三浦みどり訳、NHK出版
山田寛『ポル・ポト「革命」史――虐殺と破壊の四年間』講談社選書メチエ

『ニューズウィーク日本語版』二〇一〇年一月二二日号、ハイチ地震特集、阪急コミュニケーションズ
Dexter Filkins 著「The Forever War: Dispatches from the War on Terror」Vintage 社
Jim Frederick 著「Black Hearts: One Platoon's Descent into Madness in Iraq's Triangle of Death」Harmony 社
Karen De Young 著「SOLDIER THE LIFE OF Colin Powell」Random House 社

〈参考ホームページ〉

イラク・ボディー・カウント　http://www.iraqbodycount.org/（英文）
オスロ国際平和研究所（ＰＲＩＯ）　http://www.prio.no/（英文）
グラミン銀行（Grameen Bank）　http://www.grameen-info.org/（英文）
国際刑事裁判所（ＩＣＣ International Criminal Court）　http://www.icc-cpi.int/Menus/ICC（英文）
国際司法裁判所　http://www.icj-cij.org/homepage/index.php?p1=0（英文）
国際赤十字・赤新月社連盟（ＩＦＲＣ）　http://www.ifrc.org/（英文）
国連難民高等弁務官事務所（ＵＮＨＣＲ）　http://www.unhcr.org/cgi-bin/texis/vtx/home（英文）
国境なき医師団（ＭＳＦ）　http://www.msf.org/（英文）
国境なき記者団（Reporters Without Borders）　http://www.rsf.org/index.php?page=rubrique&id_rubrique=2（英語版）
人道憲章と災害援助に関する最低基準（Sphere Project）　http://www.sphereproject.org/（英文）
世界保健機関（ＷＨＯ）　http://www.who.int/en/（英文）

赤十字国際委員会（ＩＣＲＣ） http://www.icrc.org/eng（英文）
ダボス会議　世界経済フォーラム　http://www.weforum.org/en/index.htm（英文）
日本赤十字社　http://www.jrc.or.jp/
人間の安全保障委員会　http://www.humansecurity-chs.org/japanese/（日本語）
ジャパン・プラットホーム（Japan Platform） http://www.japanplatform.org/
米国国際開発庁（ＵＳＡＩＤ U.S. Agency for International Development） http://www.usaid.gov/（英文）
世界災害報告（World Disasters Report） http://www.ifrc.org/publicat/wdr/（英文） 国際赤十字・赤新月社連盟ＩＦＲＣ

2004		日本政府、ジュネーブ四条約第一、第二追加議定書加入 新潟沖中越地震 スマトラ島沖地震・津波	新潟県中越地震災害救護 スマトラ島沖地震・津波災害救援
2005	ジュネーブ諸条約第三追加議定書採択(新たな保護標章、レッドクリスタルについて規定)	パキスタン北部地震	愛知万博に国際赤十字・赤新月パビリオンを出展 パキスタン北部地震災害救援
2006	国際会議で「レッドクリスタル標章(仮称)」を承認、イスラエル、パレスチナの赤十字への加盟実現	ジャワ島中部地震	ジャワ島中部地震災害救援
2007			能登半島地震災害救援 新潟県中越沖地震災害救援
2008		クラスター爆弾禁止条約	
2009			日本赤十字社の近衛忠煇社長が国際赤十字・赤新月社連盟の会長に就任
2010		ハイチ地震 チリ地震	

1984		アフリカの飢饉が拡大 臨時教育審議会設置	
1985			群馬県御巣鷹山の日航機墜落事故救護班派遣
1986		チェルノブイリ原発事故	
1989		ベルリンの壁が崩壊 天安門事件 平成と改元	
1990		東西ドイツ統一 ルワンダ紛争(〜94)	
1991	赤十字・赤新月社連盟が国際赤十字・赤新月社連盟(IFRC)に改称	ソ連邦崩壊 湾岸戦争	
1992		カンボジアにPKO派遣	
1993		欧州連合(EU)発足	北海道南西沖地震災害救護
1994	国際赤十字・赤新月社連盟創設75周年		
1995		阪神・淡路大震災	阪神・淡路大震災救護
1996	チェチェン共和国でICRC医療スタッフ6名が射殺	コソボ紛争(〜99) コンゴ紛争(〜03)	ペルー日本大使公邸人質事件救護班派遣・活動
1997		化学兵器禁止条約 京都議定書が議決 対人地雷禁止条約	日本赤十字社、創立120周年記念式典
1999	ジュネーブ四条約採択から50周年		国際人道法フォーラム開催(東京) 核酸増幅検査(NAT)の導入
2000			三宅島噴火災害救護
2001		米国で同時多発テロ	インド大地震における初のERU(緊急対応ユニット)の導入
2002			日本赤十字社法制定50周年・創立125周年
2003		イラク戦争 国際刑事裁判所(ICC)創設	

1963	国際赤十字百周年記念 アンリ・デュナン記章制定 国際委員会、連盟、ノーベル平和賞受賞		連盟理事会で日赤提案の「核兵器の使用、実験禁止決議」可決
1964		東京オリンピック	
1965	国際会議「赤十字基本原則」決議 ベトナム戦争犠牲者救援	日韓基本条約調印 ベトナム戦争激化	第1回献血運動推進全国大会
1966		中国文化大革命	学校法人日本赤十字学園設立
1967		ビアフラ戦争(〜70)	
1968		NPT(核拡散防止条約)調印	
1970		大阪で日本万国博覧会	東南アジア太平洋地域青少年赤十字国際セミナー「こんにちわ'70」開催
1971		「国境なき医師団(MFS)」創設	在日朝鮮人北朝鮮帰還援助再開
1972		沖縄が復帰 日中国交回復	
1973		オイルショック	
1975		ベトナム戦争終結 インドシナ難民の大量流出始まる レバノン内戦	ベトナム難民援護事業(〜95)
1976		中国唐山地震	
1977	二つのジュネーブ条約追加議定書が採択	特定通常兵器使用制限条約	日本赤十字社、創立100周年記念式典、本社社屋再建
1978		日中平和友好条約調印	
1980		イラン・イラク戦争(〜88)	
1982		生物・毒素兵器禁止条約、環境改変技術敵対的使用禁止条約	
1983		特定通常兵器使用禁止制限条約 ユヌスがグラミン銀行を設立	「NHK海外たすけあい」キャンペーン開始

1937		日中戦争	日華事変から第二次世界大戦終結までの救護活動
1939		第二次世界大戦(〜45)	
1942		「オックスファム」イギリスで創立	
1944	赤十字国際委員会、第2回目のノーベル平和賞受賞		
1945		広島・長崎に原爆投下 国際連合成立 「CARE」アメリカで創立	米国赤十字社、日本赤十字社再建に協力
1946		日本国憲法公布	
1948	国際会議「赤十字平和宣言」決議 世界赤十字デー制定	世界人権宣言 世界保健機関(WHO)設立	赤十字奉仕団結成 青少年赤十字組織変更
1949	1949年8月12日のジュネーブ四条約成立	北大西洋条約機構(NATO)成立	
1950	赤十字社連盟憲章議決	朝鮮戦争(〜53) 国連難民高等弁務官事務所(UNHCR)設立	
1951		サンフランシスコ講和条約、日米安全保障条約調印	
1952			血液銀行開設 日本赤十字社法制定
1953		日本政府、1949年のジュネーブ四条約加入	中共・ソ連地区の邦人引揚交渉
1954		第五福竜丸、水爆実験による死の灰を浴びる	
1956		日ソ国交回復 日本政府が国連加盟	北朝鮮在住邦人引揚交渉 広島原爆病院完成
1957		IAEA(国際原子力機関)創立	
1958		東京タワー完成	長崎原爆病院完成
1959	赤十字思想誕生百周年記念		在日朝鮮人北朝鮮帰還援助(〜67)

1901	デュナン、世界初のノーベル平和賞を受賞	ノーベル賞創設	日本赤十字社条令認可、社団法人として登記
1902		日英同盟	佐野常民が死去
1904		日露戦争(～05)	日露戦争救護(～05)
1910	デュナン死去 ナイチンゲール死去	日韓併合	大給恒が死去
1911		日本関税自主権を回復	
1912	フローレンス・ナイチンゲール記章制定	大正と改元	皇后陛下(後の昭憲皇太后)から国際赤十字に基金下賜
1914	青少年赤十字の芽生え(～17)	第一次世界大戦(～19)	第一次世界大戦救護(～15)
1916	赤十字国際委員会、ノーベル平和賞受賞		
1917		ロシア革命	
1919	赤十字の平和事業拡張を目的とする5ヶ国(日英仏伊米)会議。赤十字社連盟設立	ベルサイユ条約 「セーブ・ザ・チルドレン」イギリスで創立	
1920	第1回赤十字社連盟総会 第1回ナイチンゲール記章授与	国際連盟成立	日赤看護婦3名、第1回ナイチンゲール記章受章 ポーランド孤児救済
1922	青少年赤十字の誕生		ロシア避難民救済 最初の青少年赤十字発足
1923		関東大震災	関東大震災救護
1925		毒ガス等使用禁止に関するジュネーブ議定書	
1926		昭和と改元	第2回赤十字東洋会議(東京)
1929	捕虜の待遇に関するジュネーブ条約成立	世界経済恐慌	
1931		満州事変	満州事変救護
1932		五・一五事件	
1933		ニューディール政策	
1934	第15回赤十字国際会議(東京)		第15回赤十字国際会議開催(東京)
1936		二・二六事件	

1868		明治維新、五ヶ条の御誓文	
1869		スエズ運河開通	
1870	デュナン、普仏戦争で被災者救護	普仏戦争(～71)	
1871		パリ・コミューン ドイツ帝国成立	
1873			佐野常民、ウィーン万国博覧会視察
1876	「五人委員会」を「赤十字国際委員会」(ICRC)と改称		
1877		西南戦争	西南戦争で負傷者救護。佐野常民、大給恒、博愛社設立
1884		アフリカ分割に関するベルリン列国会議(～85)	
1885		日本で内閣制度制定。第一次伊藤博文内閣成立	
1886		日本政府、1864年のジュネーブ条約調印	博愛社病院設立
1887			博愛社を日本赤十字社と改称、赤十字国際委員会から承認される
1888			磐梯山噴火、初の災害救護
1889		第二インターナショナル結成 大日本帝国憲法公布	
1890	アウグスタ基金組織		看護婦養成開始
1891			渋谷に病院を移転
1892			本社病院開院
1894		日清戦争(～95)	日清戦争救護(～95)
1896		第1回近代オリンピック開催(アテネ)	
1899	ジュネーブ条約の原則を海戦に応用するハーグ(ヘーグ)条約成立		病院船「博愛丸・弘済丸」完成
1900		北清事変(～01)	北清事変救護

関連年表

	国際赤十字の動き	世界と日本の動き	日本赤十字社の動き
1822			佐野常民、佐賀に生まれる
1828	アンリ・デュナン、ジュネーブに生まれる		
1839			大給恒(おぎゅう・ゆずる)、江戸に生まれる
1840		アヘン戦争(～42)	
1848		フランスで二月革命。ドイツで三月革命	
1849	デュナン、ジュネーブの銀行に就職		
1853		クリミア戦争 ペリーが浦賀に来航(～56)	
1854	デュナン、アルジェリアに製粉会社を設立する仕事に従事(～58)	日米和親条約。日本開国	
1859	デュナン、ソルフェリーノの戦場で傷病兵を敵味方の区別なく救護	イタリア統一戦争(仏・サルディニア対オーストリア)(～61) 安政の大獄	
1861		アメリカ南北戦争(～65)	
1862	デュナン、『ソルフェリーノの思い出』出版	生麦事件	
1863	「五人委員会」誕生。16ヵ国の代表がジュネーブに集まり赤十字規約を作る赤十字の標章を決定	リンカーン、奴隷解放宣言	
1864	12ヵ国により初のジュネーブ条約(赤十字条約)調印。国際赤十字が創設	第一インターナショナル(国際労働者協会)結成	
1867	第1回赤十字国際会談(パリ)	大政奉還・王政復古宣言	佐野常民、パリ万国博覧会(赤十字館)視察

や　行

ら　行

わ　行

は　行

ま　行

た　行

な　行

さ　行

索　引

あ　行

か　行

著者紹介

小池政行（こいけ・まさゆき）

1951年生。現在、日本赤十字看護大学教授。専攻、国際人道法。1977年外務省入省、主にフィンランド、北欧を担当（〜94年）。
著書『遠い白夜の国で』（中央公論社）『踊る日本大使館』（講談社）『国際人道法——戦争にもルールがある』『こんな外務省は必要か？』（朝日新聞社）『戦争と有事法制』（講談社現代新書）『現代の戦争被害——ソマリアからイラクへ』（岩波新書）『自衛隊が愛される条件——人間の安全保障とは』（朝日新書）ほか、共著にドナルド・キーンとの『戦場のエロイカ・シンフォニー』、日野原重明との『医師のミッション』（共に藤原書店）がある。

「赤十字《せきじゅうじ》」とは何《なに》か——人道《じんどう》と政治《せいじ》

2010年4月30日　初版第1刷発行©
2014年2月28日　初版第2刷発行

著　者　小池政行
発行者　藤原良雄
発行所　藤原書店

〒162-0041　東京都新宿区早稲田鶴巻町523
電　話　03（5272）0301
FAX　03（5272）0450
振　替　00160-4-17013
info@fujiwara-shoten.co.jp

印刷・製本　中央精版印刷

落丁本・乱丁本はお取替えいたします
定価はカバーに表示してあります

Printed in Japan
ISBN978-4-89434-741-0

アーレント政治思想のエッセンス

ハンナ・アーレント入門

杉浦敏子

メディア化、大衆化による民主主義のいびつな肥大化が問題視されるなか、ますます評価が高まる女性政治哲学者ハンナ・アーレント（1906–75）。公共性の復権、多様性の擁護、労働の再考等、その思想のエッセンスを説き明かし、現代に甦らせた秀逸のアーレント入門。

四六上製　二二四頁　**二四〇〇円**
（二〇〇二年一一月刊）
◇978-4-89434-314-6

西欧近代の裏面史を浮彫る

ナショナリズム・反ユダヤ主義・ファシズム

M・ヴィノック
川上勉・中谷猛監訳

西欧精神の土壌に脈打つ反ユダヤ主義とナショナリズムの結合の産物としてのファシズムに迫る。三二〇点の写真・関連年表等を附した決定版大鑑。

菊上製　五九二頁　**六六九九円**
（一九九五年四月刊）
◇978-4-89434-013-8

NATIONALISME, ANTISÉMITISME ET FASCISME EN FRANCE
Michel WINOCK

愛と勇気の生涯

「アメリカ」が知らないアメリカ
（反戦・非暴力のわが回想）

D・デリンジャー　吉川勇一訳

第二次世界大戦の徴兵拒否から一貫して非暴力反戦を貫き、八十代にして今なお街頭に立ち運動を続ける著者の、不屈の抵抗と人々を鼓舞してやまない生き方が、もう一つのアメリカの歴史、アメリカの最良の伝統を映し出す。

A5上製　六二四頁　**六八〇〇円**
（一九九七年一一月刊）
◇978-4-89434-085-5

FROM YALE TO JAIL
David DELLINGER

絶対平和を貫いた女の一生

絶対平和の生涯
（アメリカ最初の女性国会議員ジャネット・ランキン）

櫛田ふき監修
H・ジョセフソン著　小林勇訳

二度の世界大戦にわたり議会の参戦決議に唯一人反対票を投じ、ベトナム戦争では八十八歳にして大デモ行進の先頭に。激動の二十世紀アメリカで平和の理想を貫いた「米史上最も恐れを知らぬ女性」（ケネディ）の九十三年。

四六上製　三五二頁　**三二〇〇円**
（一九九七年二月刊）
◇978-4-89434-062-6

JEANNETTE RANKIN
Hannah JOSEPHSON

新たな視点から「正当性」を問う

政治的正当性とは何か

J‐M・クワコウ
田中治男・押村高・宇野重規訳

頻発する政治腐敗、政治への信頼性の喪失……、現在においてこそ問われるべき「正当性」の問題に、マルクス、ウェーバー、ロールズ、シュミット等多くの政治哲学者の議論を批判的に考察しつつ果敢に取り組む刺激的な一書。

Ａ５上製　三三六頁　六八〇〇円
（二〇〇〇年六月刊）◇978-4-89434-185-2
LÉGITIMITÉ ET POLITIQUE
Jean-Marc COICAUD

新しい「国連」をめざして

国連の限界／国連の未来

J‐M・クワコウ
池村俊郎・駒木克彦訳

元国連事務総長のスピーチライターを務めた著者が呈示する〝国連〟の未来像、そして日本が提示しうる国連像とは？　「日本は、安全かつ公正な世界の実現に貢献できる、またとない位置にある」（クワコウ）。

四六上製　三一二頁　三〇〇〇円
（二〇〇七年五月刊）◇978-4-89434-570-6

二十一世紀日本の無血革命へ

新しい「日本のかたち」

〈外交・内政・文明戦略〉

武者小路公秀編
川勝平太・姜尚中・榊原英資・武者小路公秀

外交、政治改革、地方自治、産業再生、教育改革……二十世紀末から持ち越された多くの難題の解決のために、気鋭の論客が地方分権から新しい連邦国家の形成まで、日本を根底から立て直す具体的な処方箋と世界戦略を提言。

四六並製　二〇八頁　一六〇〇円
（二〇〇二年五月刊）◇978-4-89434-285-9

洋の東西を超えた白熱の討論

グローバル化で文化はどうなる？

〈日本とヨーロッパの対話〉

EU・ジャパンフェスト日本委員会編
根本長兵衛監修

グローバル化・デジタル化は世界をどう変えるか。総勢十七名の世界的知性が一堂に会し、激変する文化状況を巡って徹底討論。

〈執筆者〉加藤周一／E・モラン／辻井喬／筑紫哲也／平田オリザ／黒崎政男／M・コンデ／三浦信孝／イ・ヨンスク／四方田犬彦／柏木博ほか

四六並製　二八八頁　二五〇〇円
（二〇〇三年一一月刊）◇978-4-89434-362-7

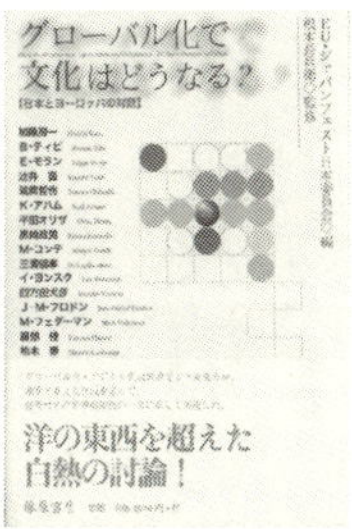

乳がんになることは生まれ変わること

乳がんは女たちをつなぐ
〔京都から世界へ〕

大津典子

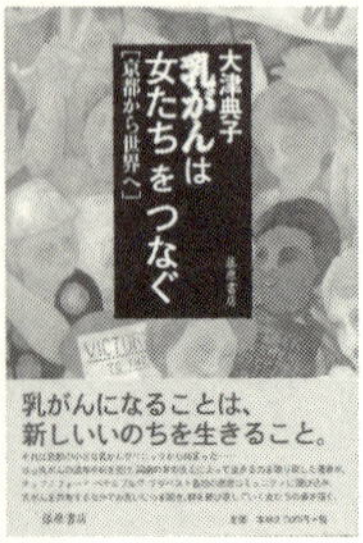

自ら乳がんの温存手術を受けた著者が、京都、オックスフォード、ペテルブルク、ブダペストなど世界各地の患者コミュニティに飛び込み、同病の友たちが互いに心を開き、絆を結び直し、生きる力を取り戻してゆく姿を描く。

四六並製　二四〇頁　二〇〇〇円
（二〇〇六年六月刊）
◇978-4-89434-520-1

"クローン病"を知っていますか？

クローン病
〔増えつづける現代の難病〕

J・ゴメス
前島真理・前島良雄訳

「クローン病」とは、おなかの痛みや下痢、発熱を繰り返す難病。この大変な病気の徴候と症状、治療、食事などを分かりやすく説明する。クローン病を患う訳者が、自らの体験をふまえて訳した、"クローン病とともに生きる"ための本。あなたのおなかは大丈夫？

四六並製　三二八頁　二六〇〇円
（二〇〇七年一一月刊）
◇978-4-89434-603-1

LIVING WITH CROHN'S DISEASE　Joan GOMEZ

障害児のお母さん、お父さんへ！

運命じゃない！
〔「シーティング」で変わる障害児の未来〕

山崎泰広

からだに障害があっても、よい姿勢をとることは可能です。姿勢が変われば、できることがどんどん増えます。変形などの二次障害の防止も可能です。「シーティング」を試してみませんか？　笑顔の人生のために！　「二次障害は運命ではありません」（著者）。

四六並製　二四八頁　一八〇〇円
（二〇〇八年五月刊）
◇978-4-89434-606-2

車いすでも、何でもできる

新版 愛と友情のボストン
〔車いすから起こす新しい風〕

山崎泰広

方法を変えれば、何でもできる！——この本を読んでいただくと、車椅子の生活となった十代の若者が、多くの人々の友情と愛情に支えられて楽しく生活しているのが分かります。

B6並製　三一二頁　一九〇〇円
（二〇〇八年六月刊）
◇978-4-89434-633-8

市民活動家の必読書

NGOとは何か

〈現場からの声〉

伊勢﨑賢治

アフリカの開発援助現場から届いた市民活動（NGO、NPO）への初のラディカルな問題提起。「善意」を「本物の成果」にするために何を変えなければならないかを、国際NGOの海外事務所長が経験に基づき具体的に示した、関係者必読の開発援助改造論。

四六並製　三〇四頁　二八〇〇円
（一九九七年一〇月刊）
◇978-4-89434-079-4

一日本人の貴重な体験記録

東チモール県知事日記

伊勢﨑賢治

練達の"NGO魂"国連職員が、デジカメ片手に奔走した、波瀾万丈「県知事」業務の写真日記。植民地支配、民族内乱、国家と軍、主権国家への国際社会の介入……。難問山積の最も危険な県の「知事」が体験したものは？

写真多数

四六並製　三二八頁　二八〇〇円
（二〇〇一年一〇月刊）
◇978-4-89434-252-1

国家を超えたいきかたのすすめ

NGO主義でいこう

〈インド・フィリピン・インドネシアで開発を考える〉

小野行雄

NGO活動の中でつきあたる「誰のための開発援助か」という難問。あくまで一人ひとりのNGO実践者という立場に立ち、具体的なNGO体験のなかで深く柔らかく考える、ありそうでなかった「NGO実践入門」。

写真多数

四六並製　二六四頁　二二〇〇円
（二〇〇二年六月刊）
◇978-4-89434-291-0

国家を超える原理とは

介入？

〈人間の権利と国家の論理〉

E・ウィーゼル＋川田順造編

廣瀬浩司・林修訳

ノーベル平和賞受賞のエリ・ウィーゼルの発議で発足した「世界文化アカデミー」に全世界の知識人が結集。飢餓、難民、宗教、民族対立など、相次ぐ危機を前に、国家主権とそれを越える普遍的原理としての「人権」を問う。

四六上製　三〇四頁　三二〇〇円
（一九九七年六月刊）
◇978-4-89434-071-8

INTERVENIR? ——DROITS DE LA PERSONNE ET RAISONS D'ÉTAT
ACADÉMIE UNIVERSELLE DES CULTURES

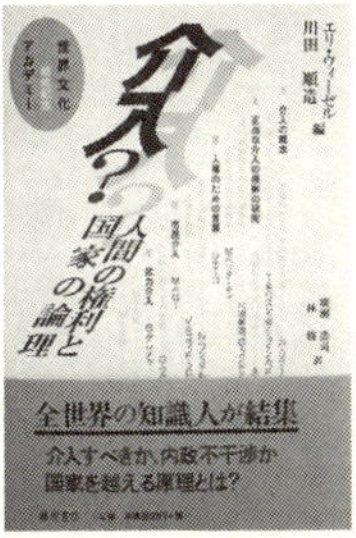

沖縄はいつまで本土の防波堤／捨石か

ドキュメント 沖縄 1945

毎日新聞編集局 玉木研二

三カ月に及ぶ沖縄戦と本土のさまざまな日々の断面を、この六十年間に集積された証言記録・調査資料・史実などを駆使して、日ごとに再現した「同時進行ドキュメント」。平和・協同ジャーナリスト基金大賞（基金賞）受賞の毎日新聞好評連載「戦後60年の原点」、待望の単行本化。

写真多数

四六並製 二〇〇頁 **一八〇〇円**
（二〇〇五年八月刊）
◇978-4-89434-470-9

屈辱か解放か!?

ドキュメント 占領の秋 1945

毎日新聞編集局 玉木研二

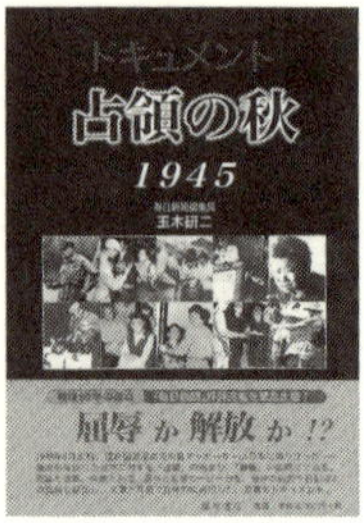

一九四五年八月三十日、連合国軍最高司令官マッカーサーは日本に降り立った——無条件降伏した日本に対する「占領」の始まり、「戦後」の幕開けである。新聞や日記などの多彩な記録から、混乱と改革、失敗と創造、屈辱と希望の一日一日の「時代の空気」たちのぼる迫真の再現ドキュメント。

写真多数

四六並製 二四八頁 **二〇〇〇円**
（二〇〇五年一二月刊）
◇978-4-89434-491-4

戦後「日米関係」を問い直す

「日米関係」からの自立

〔9・11からイラク・北朝鮮危機まで〕

C・グラック・和田春樹・姜尚中

姜尚中編

対テロ戦争から対イラク戦争へと国際社会で独善的に振る舞い続けるアメリカ。外交・内政のすべてを「日米関係」に依存してきた戦後日本。アジア認識、世界認識を阻む目隠しでしかない「日米関係」をいま問い直す。

四六並製 二二四頁 **二二〇〇円**
（二〇〇三年二月刊）
◇978-4-89434-319-1

日本人の食生活崩壊の原点

「アメリカ小麦戦略」と日本人の食生活

鈴木猛夫

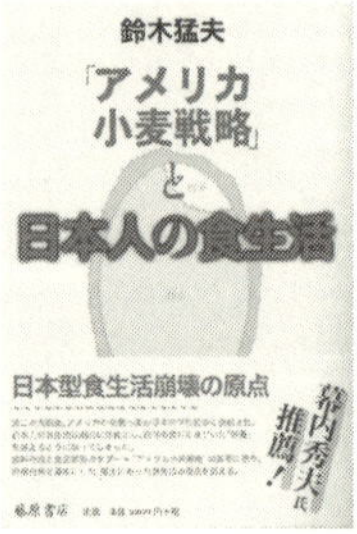

なぜ日本人は小麦を輸入してパンを食べるのか。戦後日本の劇的な洋食化の原点にあるタブー〝アメリカ小麦戦略〟の真相に迫り、本来の日本の気候風土にあった食生活の見直しを訴える問題作。

【推薦】幕内秀夫

四六並製 二六四頁 **二二〇〇円**
（二〇〇三年二月刊）
◇978-4-89434-323-8

〝光州事件〟はまだ終わっていない

光州の五月

宋基淑
金松伊訳

一九八〇年五月、隣国で何が起きていたのか？　そしてその後は？　現代韓国の惨劇、光州民主化抗争（光州事件）。凄惨な現場を身を以て体験し、抗争後、数百名に上る証言の収集・整理作業に従事した韓国の大作家が、事件の意味を渾身の力で描いた長編小説。

四六上製　四〇八頁　三六〇〇円
（二〇〇八年五月刊）
◇978-4-89434-628-4

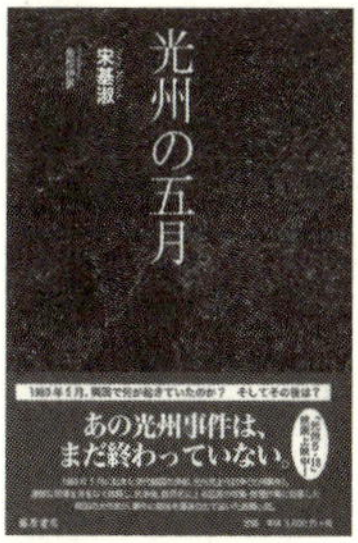

「在日」はなぜ生まれたのか

歴史のなかの「在日」

藤原書店編集部編
上田正昭＋杉原達＋姜尚中＋朴一／金時鐘＋尹健次／金石範ほか

「在日」百年を迎える今、二千年に亘る朝鮮半島と日本の関係、そして東アジア全体の歴史の中にその百年の歴史を位置づけ、「在日」の意味を東アジアの過去・現在・未来を問う中で捉え直す。

四六上製　四五六頁　三〇〇〇円
（二〇〇五年三月刊）
◇978-4-89434-438-9

激動する朝鮮半島の真実

朝鮮半島を見る眼

〔「親日と反日」「親米と反米」の構図〕

朴一

対米従属を続ける日本をよそに、変化する朝鮮半島。日本のメディアでは捉えられない、この変化が持つ意味とは何か。国家のはざまに生きる「在日」の立場から、隣国間の不毛な対立に終止符を打つ！

四六上製　三〇四頁　二八〇〇円
（二〇〇五年一一月刊）
◇978-4-89434-482-2

津軽と朝鮮半島、ふたつの故郷

ふたつの故郷《ふるさと》

〔津軽の空・星州《ソンジュ》の風〕

朴才暎

雪深い津軽に生まれ、韓国・星州（ソンジュ）出身の両親に育まれ、二十年以上を古都・奈良に暮らす――女性問題心理カウンセラーとして活動してきた在日コリアン二世の、初のエッセイ集。「もしいまの私に〝善きもの〟があるとすれば、それは紛れもなく、すべてあの津軽での日々に培われたと思う。」

四六上製　二五六頁　一九〇〇円
（二〇〇八年八月刊）
◇978-4-89434-642-0

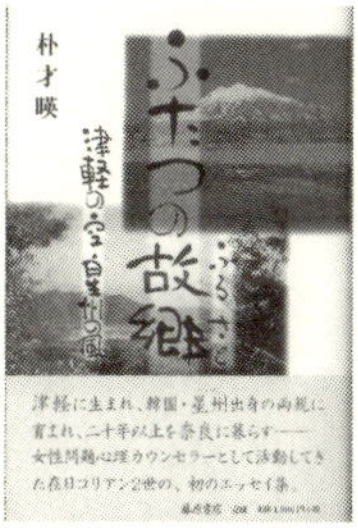

戦後政治の生き証人"塩爺"が語る

ある凡人の告白

〈軌跡と証言〉

塩川正十郎

小泉内閣の財務大臣を最後に、惜しまれながら政界を離れた"塩爺"が、一人の「凡人」として歩んできた半生を振り返り、政治の今を鋭く斬る。『読売』好評連載に増補、待望の単行本化。

カラー口絵一頁／モノクロ八頁

四六変上製　二七二頁　**一五〇〇円**

（二〇〇九年六月刊）

◇978-4-89434-691-8

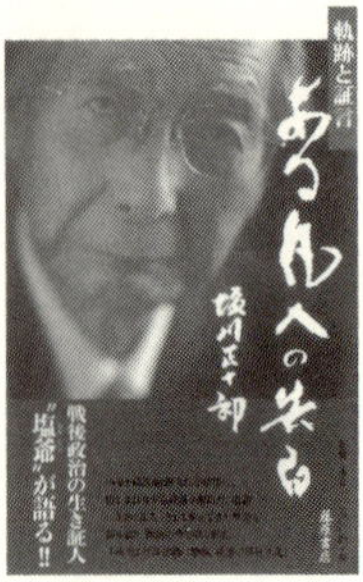

類稀な日本文学研究者が語る日米戦

戦場のエロイカ・シンフォニー

〈私が体験した日米戦〉

D・キーン

聞き手＝小池政行

戦時中から一貫して平和主義を自覚してきたキーン氏と、自身の外交官時代から親しく交わってきた日本赤十字の小池氏の徹底対談。「私は骨の髄からの平和主義者でした」（キーン氏）。

四六上製　二一六頁　**一五〇〇円**

（二〇一一年八月刊）

◇978-4-89434-815-8

百歳の現役医師の、揺るがぬ"非戦"

医師のミッション

〈非戦に生きる〉

日野原重明

聞き手＝小池政行

医療、看護において常に"治癒"にとどまらぬ"愛"をもって関わり続け、百歳の今もなお、新しい、より良い医療への改革を日々実践する日野原。「私は、今度の震災をもって、世界平和のきっかけにする運動を、世界じゅうに起こそうではないかと思うのです」（日野原氏）。

四六上製　一八四頁　**一五〇〇円**

（二〇一二年一月刊）

◇978-4-89434-838-7

放送界の秘話の数々

NHKと共に七〇年

〈わが回想の九〇年〉

長澤泰治

戦前の騒乱のさなかに入局して以来、一貫して現場に生きた著者が振り返る草創期NHKの日々。公共放送の現状を憂い、NHK改革の行く末を問う。

口絵八頁

四六上製　二九六頁　**二〇〇〇円**

（二〇〇八年四月刊）

◇978-4-89434-624-6